프로강사
내 인생 최고의 선택

프로강사
내 인생 최고의 선택

지은이 | 정지승
발행처 | 도서출판 평단
발행인 | 최석두

신고번호 | 제2015-000132호
신고연월일 | 1988년 07월 06일

초판 01쇄 | 2015년 10월 23일
초판 03쇄 | 2019년 04월 30일

우편번호 | 10594
주소 | 경기도 고양시 덕양구 통일로 140(동산동 376)
　　　　삼송테크노밸리 A동 351호
전화번호 | (02) 325-8144(代)
팩스번호 | (02) 325-8143
이메일 | pyongdan@daum.net

ISBN | 978-89-7343-422-0 (13320)

값 · 13,000원

ⓒ정지승, 2015, Printed in Korea

※잘못된 책은 구입하신 곳에서 바꾸어 드립니다.

이 도서의 국립중앙도서관 출판시 도서목록(CIP)은
서지정보유통지원시스템 홈페이지(http://seoji.nl.go.kr)와
국가자료 공동목록시스템(http://www.nl.go.kr/kolisnet)에서
이용하실 수 있습니다.
(CIP제어번호: CIP2015026943)

※저작권법에 의하여 이 책의 내용을 저작권자 및 출판사 허락 없이
　무단 전재 및 무단 복제, 인용을 금합니다.

프로강사
내 인생 최고의 선택

정지승을 만나면 **당신도 프로강사가** 될 수 있다!

정지승 지음

평단

추천의 글

•• 《프로강사, 내 인생 최고의 선택》이라는 멋진 책을 펴낸 정지승 소장은 언제나 한결같은 모습이 멋진 분이다. 정 소장이 여군 출신이라서인지 모르지만 늘 절도 있게 행동하고 올곧은 자세로 삶을 살기 때문일 것이다. _ 교육사령부 중령 양용승

•• 참 잘했어요! 최선의 선택을 위해 인생을 노래하시는 분!
_ 육본군종실 교리장교 임성호 신부

•• 강사님들은 교육생에게 박수를 받을 때가 가장 행복할 것입니다. 정지승 소장님은 강의 경험을 바탕으로 삶의 순간순간의 행복과 자신감을 책에 담았을 것입니다. 프로강사답게 늘 노력하는 모습이 아름답습니다.
_ 여수경찰서 경무과장 윤재복

•• 정지승 소장은 힘든 상황 속에서도 늘 긍정과 열정이 가득한 해피바이러스입니다. 항상 웃는 모습인 그녀는 미소도 아름답지만 남을 배려하는 마음도 곱습니다. 그런 그녀가 강사를 꿈꾸는 후배들을 위해 책을 낸다니 기대가 됩니다. 이 책은 프로강사의 길을 가고자 하는 이들에게 나침반이 되어줄 것입니다. 정 소장이 보여준 열정적 삶이 이 책으로 만개해 아름다운 향기가 널리 퍼져 나가기를 바랍니다.
_ 대전대학교 경영학과 교수 박하진

•• 이 책은 정지승 소장의 첫 번째 결과물입니다. 강의를 통해서, 책을 매개로 주제를 모닥불 삼아 사람을 만나고 삶의 속내를 이야기하려는 그녀의 따뜻한 의도가 잘 전달되기를 바랍니다. 세상에 대한 그녀의 무한 긍정의 시각이 이 책을 읽는 독자들에게도 전달돼 긍정 에너지가 넘쳐날 것으로 기대합니다. _ 경일고등학교 교감 나일석

•• 행복한 강사님, 만나면 항상 즐거운 엔도르핀을 전파시키는 정지승 소장님. 당신은 진정 프로입니다. 이 책은 많은 분에게 희망과 할 수 있다는 자신감을 안겨줄 것입니다. 정지승 소장님을 만나면 힘이 절로 납니다. 덩실덩실~~ _ 안성시여성단체협의회 회장 이정옥

•• 항상 행복한 모습으로 우리 곁에서 낮은 자세로 겸손하게 임하는 정지승 소장님! 당신의 열정은 누구나 따라갈 수 없을 만큼 큽니다. 진정 당신이 프로강사이십니다. 책 출간을 축하드리며, 앞으로도 당당한 정 소장님을 기대하겠습니다. _ 에터미 세일즈마스터 한혜연

•• 강의를 나가면 프로정신을 담아 열정적으로 강의를 하고 오십니다. 기업체나 공공기관에서도 정말 프로답게 잘하신다고 칭찬의 말을 해주십니다. 당신의 힘찬 도전과 프로정신을 응원합니다.
_ 한국성희롱예방센터 대표 노신규

들어가는 말

프로강사는 도전하는 사람의 것

강사님 강의가 너무 맛깔나서 눈을 뗄 수 없고,
잠시도 딴생각을 못했습니다…….

계절의 변화가 느껴지는 9월 중순, 집으로 돌아가는 기차 안에서 문자알림음이 울립니다. 강의 중 질문을 주고받고 명함까지 받아간 청중에게서 온 긴 문자입니다. 미소를 지으며 저도 긴 답장을 보냅니다.

제 부족한 강의를 잘 들어주셔서
정말 감사합니다…….

청중에게서 문자나 이메일, 감사인사를 받을 때면 선택의 순간 강사가 되기 위해 첫발을 내디뎠던 나에게 고맙고, 공부를 멈추지 않은 스스로가 대견스럽습니다. 그리고 저도 모르게 프로강사가 되겠다고 선언하던 때가 떠오릅니다.

"이 세상에 예쁘고 말 잘하고 똑똑한 강사들도 많은데 누가 너를 불러주겠냐?"

"요즘 경기가 얼마나 어려운데 프로강사야? 다니던 직장이나 열심히 다녀!"

내 마음 같을 수야 없겠지만, 따뜻한 말 한마디 듣기가 쉽지 않았습니다. 그렇게 시작한 프로강사 생활이 어느덧 10년을 넘기고 있습니다. 전국을 무대로 강의하며 청중과 함께 울고 웃는 가운데 많은 인연과 사연을 만났습니다. 그리고 변화가 빠른 프로강사 세계에서 살아남기 위해 불철주야 다양한 교육과정을 수료하다보니 그동안 취득한 자격증과 수료증만 70개가 넘습니다. 지금도 변화에 적응하기 위해 열심히 배우고 그것을 강의에 접목시키고 있습니다.

우리 주변에는 높은 지식과 화려한 언변을 가진 사람들이 많습니다. 당장 강의장에 세워도 손색없는 사람들입니다. 이들 중에는 인생 2막 또는 직업 2막으로 프로강사를 꿈꾸는 사람들이 많습니다. 무대의 주인공이 되어 받는 청중의 응원과 박수, 지식의 나눔, 시간의 자유로움 등 프로강사의 장점을 알기에 많은 사람이 프로강사를 꿈꿉니다. 하지만 첫발을 내디디는 사람은 언제나 소수입니다.

프로강사는 '도전'이란 단어 앞에서 누구에게나 공평한 직업입니다. 프로강사에 도전하는 데는 나이, 배움, 타고난 자질이 중요하지 않습니다. 청중이 많든 적든 그 앞에 나설 수 있는 용기와 배움을 멈추지 않는 기본자세가 중요할 뿐입니다. 그래서 누구에게나 기회가 주어지지만 아무나 할 수 없는 것이 바로 프로강사입니다.

이 책은 남들이 부러워하는 학력이나 경력 또는 뛰어난 재능을 갖춘 사람이 프로강사로 입문하는 방법을 알려주는 책이 아닙니다. 저처럼 평범하지만 프로강사의 꿈을 가진 사람에게 필요한 책입니다. 평범하기에 더 뛰어야 하고 더 공부해야 하고 더 도전해야 하며, 평범하기에 프로강사를 누구보다 갈망하는 사람이 봐야 할 책입니다. 또한 화려한 강의기법이나 청중을 녹이는 기술을 알려주는 책이 아니라 기본을 잊지 말라고 독려하는 책입니다.

전국을 무대로 강의하며 10년 전에 비해 프로강사를 꿈꾸는 사람들이 많아졌음을 느낍니다. 이제는 프로강사가 연예인 못지않은 인기를 누리고, 많은 사람들이 선망하는 직업이 되었습니다. 하지만 프로강사를 생각으로만 끝내는 사람들이 여전히 많습니다. 생각을 현실로 만들려면 도전해야 합니다. 프로강사는 도전하는 사람의 전유물입니다. 도전하는 사람만이 많은 사람들이 선망하는 직업을 가질 수 있고, 도전하는 사람만이 후회하지 않습니다. 청중이 주는 응원과 박수, 공감은 오직 도전하는 사람의 것입니다.

모쪼록 프로강사를 꿈꾸는 사람들에게 이 책이 그 꿈을 생각으로만 끝내지 않고 도전에 이르기까지 연결해주는 길잡이가 되기를 바랍니다.

끝으로 원고를 보고 흔쾌히 출간을 허락해주신 도서출판 평단의 임직원분들과 "정 소장님이 프로강사 책을 써야 한다"고 독려해주신 위드원교육연구소 윤석일 대표님, 아름다운성교육 문화연구소 파트너 강사님들에게 감사의 인사를 전합니다. 그리고 프로강사로 가는 길에 한결같은 응원을 보내준 남편과 여러모로 부족한 엄마를 응원해주는 두 아들에게 고맙습니다.

새로운 인연을 만나러 가는 9월 마지막 날

정지승

차례

추천의 글 • 004
들어가는 말 • 006

{ 1장 대한민국은 지금 프로강사 전성시대 }

01 당신은 나누기 위해 태어났다 _ 017
02 셀프영업시대, 강의는 최고의 마케팅이다 _ 024
03 주목받는 삶, 강사로 이룰 수 있다 _ 031
04 최고의 자기계발은 강의다 _ 038
05 강의에 지갑을 여는 지식기반사회 _ 044
06 직업 2막, 인생 2막 - 강사를 꿈꾼다 _ 049
07 가슴 뛰는 삶의 끝은 강사다 _ 056
프로강사 솔루션 _ 063

{ 2장 당신도 프로강사가 될 수 있는 이유 }

08 자존감을 높이면 무대에 설 수 있다 _ 067
09 시간과 사람관계로부터 자유롭다 _ 074
10 '1호', '연구소' - 퍼스널 브랜딩시대 _ 081
11 강사는 무점포, 무자본의 1인 기업이다 _ 088
12 찾아보면 교육기회는 얼마든지 있다 _ 095
13 경험을 자본으로 바꾸면 프로강사가 될 수 있다 _ 102
14 강의 기회는 개척하는 사람의 것이다 _ 109
프로강사 솔루션 _ 117

{ 3장 평생 현역, 프로강사 시작하기 }

15 자신과의 소통이 먼저다 _ 121
16 자신을 설득해야 포기하지 않는다 _ 127
17 철저한 자기관리로 프로 이미지를 높여라 _ 134
18 강사양성과정 이후가 더 중요하다 _ 141
19 독서하지 않는 강사는 청중을 기만하는 것이다 _ 146
20 철저한 사전준비는 다시 초청받는 비법이다 _ 153
21 자가발전기로 열정을 유지한다 _ 159
22 SNS에 나를 팔아야 세상이 알아준다 _ 166
23 책을 펴내 몸값을 올려라 _ 173
24 강사 네트워크로 시너지를 높여라 _ 181

프로강사 솔루션 _ 185

{ **4장 프로강사, 스토리를 녹여 강의하라** }

25 현란함보다 진정성이 우선이다 _ 189
26 절박한 준비가 청중을 사로잡는다 _ 195
27 평범한 주부에서 강사님으로 변신하다 _ 201
28 청중이 주는 '그 무엇'을 받아라 _ 207
29 누구나 꿈꾸지만 아무나 될 수 없어 더 매력적이다 _ 212
30 꿈이 있는 사람은 열정적인 삶을 포기하지 않는다 _ 217

프로강사 솔루션 _ 223

{ 5장 나에게 맞는 강의가 명품강사를 만든다 }

31 뜨거운 청춘에게 불쏘시개가 된다
  - 비전·취업·진로코칭 강사 _ 227

32 재미를 공유한다
  - 소통·웃음 강사 _ 229

33 이미지를 컨설팅한다
  - 이미지·비즈니스 매너 전문강사 _ 231

34 고객의 진심까지 코칭한다
  - 고객만족CS 강사 _ 233

35 화성남자, 금성여자의 성(性)을 알려준다
  - 성관련 4대통합 전문강사 _ 235

36 조직에 활력을 불어넣는다
  - 조직활성화 전문강사 _ 237

37 영원한 콘텐츠 '돈'을 강의한다
  - 재테크 강사 _ 239

1장

대한민국은 지금 프로강사 전성시대

01

당신은 나누기 위해 태어났다

성탄절 무렵이 되면 거리마다 종소리가 울려 퍼진다. 구세군사관학교 졸업생들이 사랑의 열매 온도를 올리기 위해 흔드는 종소리다. 그리고 매년 이때쯤에는 모두의 가슴을 따뜻하게 해주는 뉴스가 들려온다.

올해도 어김없이 나타난 1억 기부천사
'거동이 불편하고 소외된 어르신들한테 조금이나마 도움이 되었으면 합니다.'
쪽지와 함께 1억 1,000만원 수표 기부

가슴 아프고 힘들게 하는 뉴스와는 달리 이런 뉴스를 볼 때면 희망을 느끼고 나눔의 삶이란 무엇인지 돌아보게 된다. 우리 주변을 돌아보면 금전적 나눔 말고도 재능기부, 시간봉사, 말벗에 이르기까지 다양한 형태의 나눔을 실천하는 사람들이 알게 모르게 많다.

"나로 인해 단 한 사람이라도 행복했다면 성공한 인생이다."

이 격언을 생각한다면 나누는 삶이 얼마나 중요한지 짐작할 수 있다. 안타까운 점은 나누는 삶을 어렵게 생각하는 사람들이 많다는 것이다. 그런데 불교에서 말하는 '무재칠시無財七施(재물 없이도 남에게 베풀 수 있는 일곱 가지 보시)'를 살펴보면 나누는 삶이 생각보다 우리 가까이에 있으며, 소소한 행위라는 것을 알 수 있다.

1. 부드럽고 편안한 눈빛의 안시眼施
2. 자비롭고 미소 띤 화안시和顔施
3. 공손하고 아름다운 말의 언시言施
4. 예의바르고 친절한 신시身施
5. 착하고 어진 마음의 심시心施
6. 좋은 자리를 양보하는 상좌시牀座施
7. 나그네를 재워주는 방사시房舍施

어느 절에서 투박한 글씨로 쓰여 있는 일곱 가지 보시를 처음 보았을 때 직업이 직업인지라 강사의 삶을 투영시켜봤다. 눈빛, 미소, 스피치, 매너, 마인드, 인성교육……. 머릿속 강의 키워드를 넣어보니 나는 강사의 삶으로 그것을 실천하고 있었다. 강사양성과정 교육 때 멀리서 온 분들을 위해 내가 구할 수 있는 가장 좋은 숙박장소를 제공하려고 노력했는데, 이것도 따지고 보면 방사시였던 셈이다.

그런 면에서 강사의 삶이 곧 나누는 삶이라는 것에 자부심을 느낀다. 가끔 강의를 하다 지칠 때는 내가 일곱 가지 보시를 실천하는 삶을 살고 있음을 자각하고 힘을 얻는다.

"강사님 말씀 잘 들었습니다. 제가 겪고 있는 문제는 강사님에 비하면 아무것도 아니네요. 남편한테 전화 걸어 미안하다고 말할 용기가 생겼어요."
"여직원한테 습관적으로 했던 말인데, 큰 사고가 날 뻔했네요. 미리 예방해주셔서 감사합니다."

이런 말을 들을 때 강사로서 가장 큰 보람을 느낀다. 누군가를 변화시키는 데서 오는 즐거움이다. 바로 이 즐거움 때문에 수많은 강사가 늦은 시간까지 공부를 하고, 책을 보며, 교수법을 공부한다. 그리고 자신을 기다리는 청중을 떠올리며 단장을 한다.

누군가를 변화시키는 프로강사의 삶에서 가장 중요한 원재료는 지식, 경험, 노하우다. 물론 강사가 되기 위해 받는 기본 교육에도 시간과 노력이 들지만 자신만의 지식, 경험, 노하우 없이 비싼 돈을 내고 교육만 받는다고 해서 강사가 되는 것은 아니다. 강사들은 자신의 지식과 경험, 노하우를 나누는 삶에서 큰 보람을 느낀다.

얼마 전 자신을 '부엌때기'라 부르는 주부에게서 메일이 왔다. 문화센터에서 했던 '행복웃음' 관련 강의를 듣고 수줍은 얼굴로 명함을 받아갔던 걸로 기억한다. 그녀는 다섯 살 아이가 있고 남편은 중견기업에 다닌다고 자신을 소개했다. 직장 생활을 막 시작한 20대 중반에 남편의 적극적인 청혼을 받고 결혼을 결심했다고 한다. 그 뒤 모든 결정권은 남편에게 있고 자신은 그에 따르고 있다면서 20대부터 지금까지 자기 삶을 주도적으로 살아본 적이 없다고 고백했다.

그녀는 "행복하려면 일정 부분 결정권을 가지고 있어야 한다"는 강의 내용에 큰 자극을 받았다고 했다. 지금까지 그저 그런 엄마, 아내로 살아왔는데 10년 후도 지금과 비슷할 것 같아 두렵다고 했다.

그녀의 메일을 읽고 무슨 말을 어떻게 해야 할지 깊은 고민에 빠졌다. 강사라는 직업을 추천하고 싶었지만, 메일에는 강사가 되고 싶다는 내용이 없었다. 만약 "선생님처럼 강사가 되고 싶습니다" 하고 물어왔다면 해줄 말이 많았지만, 그런 말이 없었기 때문에 상담이 어려웠다. 잘못된 상담으로 한 사람의 인생은 물론 가족까지 피해를 볼 수 있기 때문에 코칭은 신중에 신중을 기해야 한다.

일단 목표가 없고 매일 반복되는 삶에 염증을 느끼고 있음은 분명했다. 무엇보다 그녀에게 목표를 주는 것이 급했다. 그녀가 현 위치에서 목표를 가지는 방법, 관련 교육기관 등 장문의 답장을 메일로 보냈다. 실천은 그녀의 몫으로 남긴 것이다. 며칠 뒤 답이 왔고, 그녀의 선택은 강사였다. 그녀는 젊은 시절 선택권 없이 살았던 삶에 대한 후회와 그 경험을 다른 이들과 나누고 싶은 마음에서 강사를 선택했다고 했다.

여러 모임을 나가보면 주부, 군인, 직장인, CEO, 대학생 등 많은 이가 강사가 되고 싶다고 말한다. 이유는 대체로 비슷하다. 무엇인가 나누고 싶다는 것. 사실 나눔의 삶을 실천하기에 강사만큼 좋은 직업도 없다.

나눔을 실천하는 강사가 되려면 먼저 자신의 지식, 경험, 노하우를 점검해야 한다. 그것을 어떻게 가공하느냐에 따라

술자리의 안줏거리에 그치고 말지, 시간당 높은 보수를 받는 강사가 될지가 결정된다. 즉, 그것을 가공하는 사람이 어떤 마음으로 가공하느냐에 따라 가치는 천차만별이다.

돌아보면 한순간 반짝이다 사라지는 강사들이 참 많다. 어찌 보면 연예계와 비슷하다. 시대흐름에 맞는 콘텐츠를 잡아 반짝이다 어느새 사라져버리고 만다. 이와는 달리 롱런하는 강사들도 많은데, 이들을 보면 알게 모르게 나눔을 기본 바탕으로 강의한다는 점이 특징이다.

프로강사의 세계에서 강사료는 강한 원동력이지만, 인기가 떨어지면 자연히 강사료도 떨어지고 아울러 원동력도 사라진다. 그런데 롱런하는 강사들은 프로라서 돈은 받지만 기본적으로 나눔을 실천하는 사람들이다. 그리고 당당히 자기 몸값을 요구한다는 공통점이 있다.

나누는 삶에 관심이 있다면 강사로 눈을 돌려보라. 모든 것을 쏟아 붓는 프로강사가 아니어도 좋다. 청중이 단 한 명이라도 있다면, 들어줄 귀가 있으면 강의다. 내가 주는 힌트로 상대는 오랫동안 고민해온 문제를 해결할 수 있고, 내 한마디가 누군가의 삶을 변화시킬 수도 있다.

나누는 삶을 싫어하는 사람은 없을 것이다. 또한 의도하든 의도하지 않든 우리는 이미 나누는 삶을 살고 있다. 나의 궁정적인 모습에서 누군가는 배움을 얻고, 또 실수하는 모습을 통해 반면교사가 되기도 한다. 즉, 우리는 나누기 위해 태어났고, 지금도 나누며 살고 있다. 나누는 삶에서 강사가 주는 특별한 보람과 기쁨을 맛보라.

02

셀프영업시대, 강의는 최고의 마케팅이다

태어날 때부터 무대를 즐기는 사람이 있는데, 이것은 재능이라고밖에 볼 수 없다. 부끄러움 많고 무대공포증이 있는 사람의 입장에서는 그저 부러울 뿐이다. 시대가 변해 무대에 설 기회가 많아졌다지만, 그래도 무대는 여전히 두렵고 어려운 자리다. 반면 그렇게 만만치 않은 자리인 까닭에 조금만 능숙한 모습을 보여도 많은 사람들의 기억 속에 나를 각인시킬 수 있는 좋은 기회이기도 하다.

모임에 자주 참석하는 사람들은 종종 경험하는 일이 있다. 예상치 못하게 무대에 올라 이야기를 하게 되는 경우다. 예전에는 주로 모임의 임원들만 무대에 섰다면 요즘은 많이 달라졌다. 자녀가 어느 학교에 합격했다고 하면 그 비법을 공개해 달라고 하고, 먼 지역에서 왔다고 하면 어떤 열정으로 참석하게 됐는지 말해달라고 한다. 그래서 예정에 없던 무대에 오르게 될 경우 평소 훈련이 된 사람은 능숙하게 이야기하는 것은 물론 사업 홍보까지 여유 있게 덧붙인다.

하지만 무대를 두려워하는 사람은 이른바 '국민자기소개법'에 따라 "OO회사에서 OO파트를 맡고 있는 OOO입니다" 하거나 "두 아이의 엄마고, 사실 제가 말을 잘 못해요" 하며 쭈뼛쭈뼛하는 경우가 있다.

우리는 광고홍수시대에 살고 있다. 그만큼 특별하거나 독특하지 않고서는 자신을 알리기가 어렵다는 말이기도 하다. 이런 상황에서 무대에 올라 자신을 알릴 수 있다는 것은 매우 소중한 기회다. 영업사원이 무대에 올라 자사 상품을 홍보하는 것을 본 적이 있을 것이다. 베테랑 영업사원은 사람들이 지갑을 열 수밖에 없도록 완벽하게 상품을 알린다. 무대를 마케팅 장소로 활용하는 데 그치지 않고 판매까지 연결시키는 수완을 발휘하는 것을 보면 부러울 정도다.

CEO는 회사를 홍보하는 문제에서 자유로울 수 없다. 어느 기업은 큰돈을 들여 인기 연예인을 광고모델로 내세우고, 어느 기업은 몇 줄 실어주는 신문이나 미디어광고에 돈을 투자

한다. 그런데 CEO들 중에는 강사로 나서 사업체를 적극적으로 홍보하는 이들도 있다.

천호식품의 김영식 회장. CF도 직접 찍고, 언론에 자주 노출돼서인지 CEO라기보다는 연예인처럼 느껴진다. 나도 기회가 있어 직접 강의를 들으러 간 적이 있다. 평일 낮인데도 사람들이 꽉 찬 것을 보고 김영식 회장의 인기를 실감할 수 있었다. 김 회장은 한때 자만에 빠져 사업을 말아먹은 이야기, 재기를 위해 피눈물 나게 노력한 이야기 등 한 편의 인간 드라마를 펼쳐 보였다.

그의 강의에서 가장 기억에 남는 것은 청중이 지루해하는 것 같다 싶을 때 그가 펼친 퍼포먼스였다. 강의를 시작하고 30분쯤 지나자 몇몇 사람이 지루해하는 것을 눈치챈 김영식 회장은 앞에 있던 사람에게 질문을 던졌다.

"분홍색 와이셔츠 입은 남자분, 목표가 무엇입니까?"

"지금 보험영업을 하고 있는데, 회장님같이 좋은 분과 인연을 맺어 부자가 되는 것입니다."

"그건 꿈이지 목표가 아닙니다. 잠깐 나와보세요. 제가 부자 되라고 선물을 줄게요."

이럴 때 대부분의 CEO는 자사 제품을 선물로 준다. 나와 같이 갔던 지인도 당연히 그러리라 생각했다. 그런데 김 회장은 달랐다. 지갑에서 빳빳한 만 원 지폐 한 장을 꺼내더니 그에게 주며 말했다.

"자! 이 돈을 백배 천배 키우세요."

그러자 우레와 같은 박수가 쏟아졌다. 졸리다가도 돈이 왔다 갔다 하면 눈이 떠지는 사람의 심리를 이용한 것이다.

김영식 회장은 강의 기술을 누구보다 잘 알고 있었다. 김 회장은 강의 틈틈이 자사 건강식품의 특징과 효능을 설명했다. 생산공정을 직접 본 적이 없지만 김 회장이 만든 제품이면 왠지 믿을 만하다는 생각이 들었다. 또 기회가 된다면 직접 구매하는 것은 물론 지인들에게 추천하고 싶다는 마음도 생겼다. 지인도 나와 같은 느낌을 받았다고 한다. 강의를 통해 자연스레 성공적인 마케팅과 홍보를 실현한 것이다.

김영식 회장은 강의료를 받고 자신의 경험을 나누며 보람을 느꼈을 것이고, 거기에 자사 제품까지 홍보하는 일거양득의 효과를 얻었다. 무대를 잘 활용하는 CEO의 예다.

콘텐츠 개발에 성공한 강사를 위한 역량강화과정에도 CEO 수강생들이 부쩍 늘고 있다. 강의를 나가지 않아도 생계에 지장은 없지만 누구보다 열심히 배운다. CEO 수강생들의 강의 분야는 크게 둘로 나뉜다.

첫째는 자전적 스토리 강의다. 자신이 직접 겪은 성공과 실패 과정을 후배들에게 전달하기 위해 스토리 형식으로 강의한다. 주로 학교나 동기부여가 필요한 곳에서 강의를 하며, CEO가 회사의 얼굴인 만큼 저절로 회사 홍보도 된다.

둘째는 마케팅과 기술적 강의다. 현장에서 활동하는 사람으로서 최신 동향과 정보를 바탕으로 강의한다. 관련 기관이나 단체에 강의를 나가 직접 제품을 설명하므로 때에 따라 현장에서 직접 구매가 이루어진다.

예전에 비해 CEO가 무대에 서는 경우가 많아지면서 스타 강사 못지않게 강의를 재미있게 하는 CEO가 있다. 역량강화 과정에서도 몇몇 CEO는 시간의 여유가 없기 때문에 청중에게 쉽게 다가가는 아이스브레이크나 스팟만 알려달라고 한다. 강의 날은 다가오는데 1시간 내내 제품 이야기만 할 수 없으니 조급해지는 마음은 충분히 이해한다. 하지만 어색하게 배운 아이스브레이크나 스팟은 사람을 가벼워 보이게 할 수 있는 만큼 많은 연습이 필요하다. 이런 상황에서는 자신의 언어로 자전적 스토리 강의에 더 충실하라고 주문한다.

셀프영업시대의 강의는 알게 모르게 마케팅이 된다. 나는 프리를 선언하고 나서 처음에는 보수가 적은 강의에는 가지 않았다. 사내 강사로 받았던 것과 비교하면 눈에 차지 않았기 때문이다. 지금 생각해보니 건방진 자세였다.

강의 의뢰가 들어오지 않으니 슬럼프가 왔다. 이때 모 학원에서 골프장 직원 서비스 마인드 교육을 전국적으로 해보자는 제안이 들어왔다. 식사비, 교통비 등을 따지면 손해였지만 왠지 모르게 마음이 끌려 제안을 받아들였다.

어느 날, 충북의 한 골프장에서 강의를 마치고 나오는데 누가 말을 걸었다. 강의를 들은 직원이었다. 그녀는 여군 출신으로 기수는 나보다 선배였다.

"강사님이 내 후배라서 행복합니다."

짧은 표현이었지만, 그 순간 나는 강의의 진짜 보람을 느꼈다.

그 뒤로는 본전 생각을 내려놓은 채 강원도, 경남, 전북 등 전국구 강의를 했다. 10년이 지난 지금도 충북의 그 골프장을 비롯해 전국에서 강의 의뢰가 들어온다. 담당자에게 어떤 경로로 내게 연락하게 되었는지 물어보면 모 학원 출장강의 모습이 기억에 남아 연락했다고 할 때가 있다. 담당자가 바뀌더라도 선임이 나를 소개해 오랫동안 강의가 이어진 것이다.

이렇듯 강의는 그 자체로 나를 마케팅하는 방법이다. 하지만 강의를 마케팅 수단으로 생각하면 안 된다. 그 속에는 진정을 담아야 한다.

가만있는데도 알아주는 시대는 종말을 고했다. 과잉공급에 따라 파는 문제에서 자유로운 CEO는 없다. 그 연장선상에서 홍보나 마케팅에서 자유로운 CEO도 없다. CEO는 자기 분야의 전문가로서 최전선의 정보를 보유하고 있는 만큼 그것을 강의로 풀어내면 된다. CEO만이 가지고 있는 스토리를 공유하면서 제품의 필요성을 청중에게 알리는 것이 셀프영업시대에 강의를 최대한 활용하는 방법이라 할 수 있다.

프로강사는 아니더라도 강의 무대가 주는 나눔의 기회와 마케팅 기회를 포착해 좀 더 많은 고객을 확보하자. 셀프영업시대를 사는 CEO에게 강의는 최고의 마케팅 기회다.

03

주목받는 삶, 강사로 이룰 수 있다

SNS 사용자가 폭발적으로 늘어나면서 이와 관련된 유머도 많이 생겨났다. SNS 유머 중 가장 기억에 남는 것은 '해외여행 출발 전 SNS법'이다. 보통사람에게 해외여행은 일 년 중 몇 번 안 되는 기회다. 그래서 SNS에 올려 자랑하고 싶은데, 노골적으로 자랑을 하면 '좋아요'나 관심 댓글이 많이 올라오지 않는다. 이때 은근히 자랑하면서 '좋아요'를 많이 받는 방법은 뭘까.

먼저 인천공항 천정을 배경으로 해서 여권과 함께 도착지에 다른 나라의 도시 이름이 적힌 비행기 티켓을 찍는다. 그런 다음 대미를 장식할 한마디를 쓰고 공유에 들어가면 된다.

그 한마디는 바로 "힐링이 필요해!"다.

우리 주변에는 해외여행이 아니더라도 자기 생활을 열심히 공유하는 사람들이 있다. 그날 만든 반찬이 무엇인지 인증사진을 올리는가 하면, 누구를 만나 무슨 말을 했고 어디에 갔다 왔는지까지 모두 공유한다. 사생활을 과하게 올리거나 물의를 일으킬 내용만 올리지 않는다면 SNS는 매우 편리한 첨단기술이다.

나도 SNS를 한다. 다른 사람들처럼 일상을 공유하고, 지금 하는 일도 홍보하며, 지인들의 안부도 물어본다. 시공간의 제약 없이 다양한 사람들과 만나게 해주는 SNS는 내게 많은 일을 덜어주면서 즐거움도 주는 수단이다.

사람들은 왜 SNS를 할까. 홍보를 위해, 유용한 정보를 공유하기 위해, 위로받고 싶어서, 자신의 근황을 알리기 위해 등등 이유는 제각각이다. 물론 여러 이유가 있겠지만, 한 가지만은 분명한 것 같다. 결국 주목받기 위해 SNS를 하고 있다는 것이다. 만약 주목을 거부한다면 무엇 때문에 시간 들여 SNS에 사진과 글을 올리겠는가.

나 역시 사업을 홍보하기 위해, 좋은 정보를 알기 위해, 일상을 공유하기 위해 SNS를 한다. 그리고 많은 사람들이 '좋아요'를 눌러주거나 응원의 메시지를 남겨주면 주목받고 있는 것 같아 더 힘도 나고 스스로 행동을 조심하게 된다.

직접적인 시선을 부담스러워하고 주목받기를 좋아하지 않는 사람들도 있는데, 이런 사람들도 SNS를 통해서는 많은 것을 공유하고 주목받고 싶어 한다. 어떤 방식이든 사람들은 누구나 긍정적인 내용으로 주목받기를 희망하는 것 같다.

스타들이 어느 정도의 사생활 침해를 용인하며 인기를 유지하듯 일반인들도 사생활을 보란 듯이 SNS에 올리며 주목받으려 한다. 사람들은 왜 사생활을 공개하면서까지 주목을 받으려 할까. 바로 자존감 때문이다. 주목받는 삶은 자존감과 연결돼 있다.

자존감은 '자아존중감'의 줄임말로, 자신은 언제나 가치 있고 우월한 존재이며 다른 사람에게 존중받아야 함을 전제로 한다. 어떤 것이든 가치가 있고 우월해야만 주목받을 수 있으므로 이는 곧 자존감을 높이는 일이다. 그래서 강사들 중에는 자존감 낮은 사람이 결코 없다. 자존감이 낮다면 무대 자체를 거부하고 주목받는 삶을 살지 못할 것이다.

자존감을 높이고 주목받는 삶을 사는 방법에는 크게 두 가지가 있다. 하나는 감투를 쓰는 것이다. 즉, 모두가 우러러보는 높은 자리에 오르는 것이다. 다른 하나는 무대에 서는 것이다. 무대에 설 수 있는 직업은 많은데, 그중에서도 강사는 문턱이 가장 낮고 많은 사람들의 공감을 불러일으키는 직업이라고 할 수 있다.

〈강연 100℃〉, 〈꼴통쇼〉, 〈세상을 바꾸는 시간, 15분〉.

모두 강연을 하는 프로그램이다. 주목받는 무대가 있고 TV, 인터넷에 자신의 모습이 드러난다. 문턱도 높지 않다. 자신만의 콘텐츠가 있다면 학벌, 나이, 성별과 관계없이 출연할 수 있다. 또한 자신의 경험을 바탕으로 한 강연이기 때문에 비슷한 경험을 한 많은 대중의 공감을 이끌어낸다.

김창옥 교수는 소통전문가로 불리는 사람이다. 그의 강의는 스탠딩 코미디라 불릴 만큼 재미있다. 근처 대학교에서 청강할 기회가 있었는데, '명불허전'이란 바로 이럴 때 쓰는 말이 아닐까 싶다. 정말 시간 가는 걸 아까워하며 듣게 만드는 강의였다. 그의 어린 시절 이야기를 들어보면 그가 낮은 자존감을 끌어올리기 위해 얼마나 많이 노력했는지, 강의를 하며 자존감을 얼마나 높였는지 알 수 있다.

지금은 누구보다 주목받는 삶을 살고 있지만, 제주도에서 태어난 김창옥 교수는 가난과 아버지의 장애 때문에 힘든 청소년기를 보냈다. 청각장애 3급이었던 아버지는 장애를 비관해 술로 시간을 보내는 날이 많았고, 어머니와도 자주 싸웠다. 막내였던 그는 부모님의 싸움이 과격해질 때는 도망을 다녔다고 한다. 그렇게 어려운 환경에서 자라 삼수까지 하고도 대학에 낙방했고, 홧김에 해병대에 입대했다. 군대에서는 잠들기 전 항상 40대가 된 미래의 자신과 대화하며 앞으로는 후회 없이 살겠다고 다짐했다고 한다.

전역 후에는 무작정 서울로 왔다. 성악가가 되고 싶었던 그는 아르바이트를 해서 번 돈으로 짧은 시간이나마 성악 과외를 받았고, 경희대학교 성악과에 입학하게 된다. 하지만 그의 삶은 조금도 나아질 기미를 보이지 않았고 늘 아르바이트를 해야 버틸 수 있었던 서울 생활에 그는 점점 지쳐갔다.

그러던 어느 날, 교수님의 한마디가 그에게 용기를 주었다.

"사는 대로 노래하고, 노래하는 대로 산다."

다시 힘을 내 성악과를 졸업한 뒤, 그는 대학교에서 배운 보이스 훈련법과 특유의 유머감각을 바탕으로 강사로 입문하게 된다. 훤칠한 키와 잘생긴 외모, 성악으로 단련된 목소리, 그리고 자신을 낮춰 청중을 웃기는 강의로 그는 지금 대한민국의 대표 소통강사로 활약하고 있다.

부모에게 받은 상처, 가난한 집안 살림, 삼수까지 하고도 대학에 떨어진 기억으로 인해 김창옥 교수의 자존감은 큰 상처를 입었을 것이다. 그런데 지금 그는 강의를 하며 청중들이 자신의 이야기에 웃어줄 때 가장 행복하다고 고백하고 있다.

그는 강의를 통해 보람을 느끼고 자존감도 많이 높아졌을 것이다.

대학 강단에 서는 한 교수님은 경제가 활력을 잃어서인지 과거 대학생들에 비해 지금 대학생들은 활력이 없어 보인다고 걱정했다. 경제가 어려운데 활력이 떨어지는 건 당연한 현상이다. 이는 비단 대학생들만의 문제가 아니다. 30~40대는 주거비용과 교육비 때문에 활력이 떨어지고, 50대는 불안한 일자리 때문에 활력이 떨어지며, 60대는 은퇴 후 생활로 활력이 떨어지고 있다.

그렇게 나라 전체의 활력이 떨어지면서 이와 함께 자존감도 떨어지고 있는 것 같다. 그래서 스스로 자신의 가치를 가볍게 여기고 목숨도 가볍게 여긴다. 그 결과 OECD 국가에서 부동의 자살률 1위를 차지하고 있는 것이다.

우리에게는 활력도, 자존감을 높일 기회도 필요하다. 그리고 김창옥 교수처럼 자존감을 높인 자신의 경험을 다른 사람과 나눌 필요가 있는데, 이것은 강의로 가능하다.

자존감이 강한 사람은 활력이 강하다. 그래서 목소리가 크고, 크게 움직이며, 자신감이 배어 있게 마련이다. 활력이 강하면 주목받는다. 주목받을수록 자존감은 높아진다. 이런 자존감을 올려주는 무대의 문턱은 높지 않다. 화려한 입담이 없어도, 세상이 알아줄 학벌이 없어도, 연예인처럼 화려한 외모가 아니어도 된다. 자신이 경험하고 쌓은 노하우에 사람들은 감동하고, 눈물을 쏟아내며, 웃음을 보내고, 함께 공감해준다.

주목받는 삶을 원한다면 강사에 도전해보자. '내가 어떻게 무대에 설 수 있나' 하고 선을 긋는다면 시작도 할 수 없고, 결국 주목받는 삶도 내 것이 되지 않는다. 자기 속에 깊숙이 숨어 있는 주목받고 싶은 욕망을 위해, 자존감을 위해 무대 위의 강사에 도전해보자.

04

최고의 자기계발은 강의다

우리나라에 자기계발self-help 개념이 본격적으로 등장한 것은 20년 전쯤이다. 자기계발은 미국과 일본에서 유행한 인간관계, 시간관리, 동기부여를 우리 실정에 맞게 바꾸고 알리면서 본격화했다. 내일을 알 수 없는 경제상황이 오래 계속되다보니 자기계발은 어느덧 열풍을 넘어 성숙 단계로 들어섰다.

동서고금을 막론하고 운명을 바꾼 사람들은 모두 자기계발에 성공한 사람들이다. 중국 최고의 지성인으로 손꼽히는 공자孔子는 가난하게 태어나 마구간지기, 창고지기를 하며 원초적 자기계발인 공부를 통해 왕을 교육하는 지성인이 되었다. 또한 사자성어 괄목상대刮目相對(학식이나 재주가 전에 비해 몰라

볼 정도로 발전된 상태)의 주인공인 삼국시대 오나라의 명장 여몽呂蒙도 일자무식에서 원초적 자기계발인 공부를 통해 최고 장군이 되었다. 우리나라의 경우 공식 학벌이 없는 김대중 대통령도 원초적 자기계발인 공부와 독서를 통해 대통령의 자리에 올랐다. 모두 자신의 운명을 바꾼 인물이라 할 수 있다.

멀리에서 찾을 것도 없이 벼락부자를 제외하고 지금 당신 주변에서 운명을 뒤집거나 성공한 이들은 모두 알게 모르게 집중적으로 자기계발의 시간을 가졌다. 그런 노력과 투자가 있었기 때문에 운명을 뒤집는 데 성공한 것이다.

운명을 뒤집는 자기계발에는 두 가지 큰 줄기가 있다. 하나는 수신修身이라 할 수 있는 몸관리, 즉 건강이고 다른 하나는 공부다. 둘 다 세상을 살아가는 데 중요한 부분이지만, 건강은 기초 중의 기초로 당연히 관리할 부분이므로 제외하고, 여기에서는 지식을 판매하는 강사로서 공부를 통한 자기계발에 대해서만 이야기하기로 한다.

인생의 어느 단계를 지나보면 인풋in-put과 아웃풋out-put 개념이 생긴다. 나이가 어려 짧은 안목으로 세상을 볼 때는 인풋이 있어야 아웃풋이 생기는 자연의 이치를 모른 채 살게 마련이다. 쉽게 말해 "세상에 공짜는 없다"는 말의 의미를 잘 모른다. 우리는 확률이 814만분의 1인 로또나 동화 속에 존재하는 백마 탄 왕자, 재벌 2세와의 극적인 결혼은 딴 나라 이야기라는 것을 알아가며 인풋의 중요성을 깨닫는다. 안타깝게도 인풋의 중요성을 알지만 인풋 작업을 실천하는 사람은 늘 소수다. 인풋과 아웃풋 개념으로 생각해봐도 인풋을 하는 사람은 항상 소수이니 결과로 나타나는 아웃풋을 성공시키는 사람 역시 늘 소수다.

현재의 상황에 만족하는 삶도 물론 충분히 가치 있다. 하지만 좀 더 영향력 있는 사람이나 사회 공헌도가 큰 사람, 가슴 뛰는 삶을 사는 사람, 주변 또는 후배나 자녀에게 꿈을 심어주는 사람이 되고 싶다면 소수가 선택하는 인풋 작업을 공부해야 한다.

"엄마는 꿈이 뭐였어?"

표선희 작가의 《결혼 후 성장하는 여자, 결혼 후 멈추는 여자》 첫 장에 나오는 이 질문은 결혼한 여자들에게 큰 울림을 준다. 나 역시 이 질문에서 자유로울 수 없었다. 이 질문이 튀어나왔을 때 강사라는 직업을 찾았고, 회피보다 도전을 선택했던 나 자신에게 고맙다.

"엄마는 꿈이 뭐였어?"

이 질문을 조금 더 연장해보면 '아빠는', '선배는', '언니는',

'오빠는'으로 확장할 수 있다. 이 질문에 대해 당당히 '이루었다'고 말하거나 '이루는 중'이라 말하려면 어떻게 해야 할까. 공부를 떼어놓고는 말할 수 없다. 누구나 자신의 운명을 바꾸기를 바라고, 꿈이 무엇인지 당당히 말하고 싶어 한다. 그러기 위해선 반드시 인풋 공부를 해야 한다.

운명을 바꾸는 인풋이 공부라고는 하지만, 공부도 점점 하나의 산업으로 바뀌다보니 콘텐츠의 내실을 다지기보다는 현란한 문구와 위기조장으로 사람을 끌어들여 실망감을 주는 경우가 있다. 자기계발의 열풍 속에서 혼자만 정체된다는 생각에 친구 따라 강남 가듯 공부도 남들 하는 대로 따라 하는 사람이 있다.

지금 상황을 뒤집을 수 있는 유일한 방법이 공부인데, 이마저도 남들을 따라 한다면 들러리 학생과 다를 게 없다. 그래서 강의 공부를 위해 등록했다거나 어떤 공부를 해야 할지 묻는 사람에게 강의를 준비하듯 공부하고 공부를 마칠 때쯤에는 출장강의를 나갈 수 있을 만큼 치열하게 공부하라고 조언한다.

강의 나가기 전 준비하지 않는 강사는 없다. 혹시 준비하지 않는 강사가 있다면 말 그대로 청중을 기만하는 강사다. 또한 프로강사의 세계에서는 어물쩍 공부해 강의하는 사람은 결코 살아남지 못한다. 정말 치열하게 공부해야만 존재할 수 있다.

또한 새로운 콘텐츠를 개발해 강의를 하려면 다른 사람의 강의를 듣고, 책을 읽고, 관련 동영상 강의를 시청하며 공부해야 한다. 그렇게 공부해 자신의 언어와 지식으로 바꿔야만 비로소 내 것이 된다. 오롯이 내 것으로 바꾸는 과정은 속도의 차이가 있을 뿐 어느 강사에게나 힘든 작업이다. 그래서 새로운 콘텐츠로 전환하는 강사들은 "내가 학창시절에 공부를 이렇게 했다면……" 하고 한탄한다. 그만큼 치열하다.

청중 앞에서 강의를 한다는 것은 적어도 강의 주제에 대해서만은 청중보다 많이 안다는 것을 전제로 한다. 그러기 위해서는 공부하는 게 당연하고, 공부한 것을 자기 것으로 체득해야 한다. 그래서 최고의 자기계발을 강의라고 말하는 것이다. 더 정확히 말하면 강의를 위한 모든 과정이 자기계발이다.

SHE인재개발센터 대표이자 《전창현의 말하기 절대법칙》의 저자 전창현 대표. 그녀의 책을 보면 프리랜서 강사로서 얼마나 치열하게 공부하는지 알 수 있다. 그녀는 같은 주제, 같은 장소로 강의 의뢰가 들어와도 '3시간 준비' 원칙에 따라 강의를 준비한다고 한다. 매일 강의하는 내용과 주제라도 3시간 공부하고, 점검하고, 연습한다는 것이다. 이때 연령에 맞춰 최신 트렌드를 추가하는 작업도 한다.

사실 전창현 대표의 3시간 준비는 결코 만만한 원칙이 아니다. 무대에 서기까지 질리도록 공부한 내용을 매일 3시간 복습하는 것은 프로가 아니면 불가능한 자기계발이자 공부이기 때문이다.

전창현 대표는 열정이 강한 사람이므로 어떤 분야에 진출했든 어느 정도는 성공을 이뤄냈을 것이다. 그런데 프로강사이기에 3시간 준비 같은 노력을 했고, 이런 공부와 노력이 있었기에 평범한 백화점 총무팀 직원에서 지금의 주목받는 강사가 되었을 것이다.

최고의 자기계발은 강의다. 강의를 준비하는 과정 속에는 자기계발 요소가 모두 포함돼 있다. 자기계발이 운명을 바꾸는 방법이라면 그 요소를 모두 담고 있는 강의는 운명을 바꾸는 행동이 아닐까.

강의를 준비하는 과정은 쉽지 않지만 설렘으로 가득하다. '누구를 만날까' 생각하면 즐겁고, '이 말에 웃어줄까, 눈물을 흘려줄까' 생각하면 행복하다. 이런 마음으로 공부하고 자기계발을 한다면 결국 운명을 바꾸게 되지 않을까.

강의보다 최고의 자기계발은 없다. 그러니 강의를 전문으로 하는 프로강사들을 부러워하지만 말고 과감하게 한번 도전해보자.

05

강의에 지갑을 여는 지식기반사회

강연사업이 가장 발달한 나라로는 단연 미국을 들 수 있다. 회당 강연료가 8억 원이 넘는 강사도 있다 하니 규모도 어마어마할 것이다. 최근에는 우리나라의 강연시장 규모도 2조 원이 넘었다는 게 업계의 중론이다. 규모로 보면 우리나라 강연시장도 성숙 단계로 넘어가고 있다. 강연시장이 계속 커지는 이유 중 하나는 자기계발에 관심은 많지만 시간이 없는 현대인에게 강연이 안성맞춤이기 때문이다. 더욱이 스마트폰의 등장으로 독서인구가 점점 줄어들어 독서 대신 강연으로 대체하고 있다는 전문가의 의견도 있다.

강연은 지식을 바탕으로 한다. 지식이 돈이 된다는 것은 누구나 아는 사실이다. 지식은 물론 경험, 노하우도 돈이 된다. 이처럼 지식, 경험, 노하우를 담은 강연을 통해 돈 버는 사업을 '메신저messenger 사업'이라 한다. 지식기반사회에서는 사람들이 메신저 사업에 기꺼이 지갑을 열게 돼 있다.

과거에 우리나라는 지식에 돈을 쓰는 데 인색했다. 그 때문인지 지금도 세상을 바꿀 제품에는 돈을 지불하면서 그 지식을 만들어낸 엔지니어에게는 '재능기부 강의'를 스스럼없이 요구한다. 메신저 사업의 개념을 널리 알린 브렌든 버처드의 《메신저가 되라》에 해제를 쓴 아트스피치 김미경 원장은 당시 우리나라의 지식공유 현실에 대해 쓴소리를 했다.

> "한국은 지식에 가격을 매기는 데 상당히 인색하다. 심지어는 사람들에게 좋은 얘기 몇 마디 해주면서 인정머리 없이 돈을 받느냐는 분위기다. (중략) 그래서 한국에서는 아직 제대로 된 컨설팅이나 코칭이 힘들다. 높은 수준의 지식과 통찰이 사회 전반으로 순환되기 힘든 구조라는 것이다."

다행히 시대가 달라졌다. 강연시장의 규모가 2조 원을 넘었고, 기업이나 문화센터에는 강사료 기준 금액이 정해져 있어 서로 그 이상도 이하도 부르지 않는다. 강사들도 정식으로 조합을 구성해 그들의 권리를 찾고 있다. 또한 과거에는 불러주면 가서 강의하는 방식이었지만, 지금은 인지도가 있으면 직접 사람들을 모아 강의하기도 한다. 이 경우 금액 결정이 자유롭다보니 가격이 비싸도 많은 사람들이 참석한다. 분명한 점은 지식이 강조되면 강조될수록 강연시장의 여건은 개선되리라는 것이다.

얼마 전, 강사 자신은 물론 후배들을 위해 강의 여건을 개선하려는 노력을 확인한 일이 있었다. 일대일로만 전문적으로 강사를 양성하는 아카데미 원장님을 만났는데, 수강생들이 대부분 사회적 지위가 높고 경제적으로 여유가 있는 사람들인 데다 일대일 강의인 만큼 고액의 수강료를 받는다고 했다.

이 원장님은 양성과정을 마무리할 때 수강생들에게 꼭 이렇게 말한다고 한다.

"자신의 가치를 위해서라도, 후배들을 위해서라도 반드시 평균금액으로 강의를 나가세요."

어느 정도의 사회적 지위와 경제적 여유를 갖춘 사람들은 무대가 주는 즐거움, 자존감 때문에 무료로 강의하기도 한다. 하지만 뒤에 따라오는 후배들을 생각해 반드시 일정 강의료를 받아야 한다는 것이 원장님의 주장이었고, 그 말에 나도 공감했다.

이것은 강의에 지갑을 여는 지식기반사회의 강사로서 반드시 갖춰야 할 자세다. 지금 강의를 시작한다면 내가 받는 가치, 대가를 후배들도 받게 돼 있다는 것을 명심해야 한다. 이 아카데미 원장님은 지식기반사회에 걸맞은 강사 시스템을 위해 노력하는 분이라고 생각한다.

지식기반사회에서 강사들은 지식의 소비자이자 생산자다. 좀 더 전문적인 용어로는 프로슈머 prosumer 라 할 수 있다. 그리고 프로슈머에서 한발 더 나아가 창작자도 될 수 있다. 공유문제는 창작자에게 매우 민감한 문제다. 어디까지 공유하고 어디까지 숨겨야 할지 판단하기가 쉽지 않다. 이 문제에 대한 나의 생각은 이렇다. 나를 강의의 창작자로 정의한다면 무료든 유료든 모두 공유해야 한다. 꽁꽁 묶어두고 공개하지 않는다면 지식개발은 멈추고 더 새로운 것을 만들어내는 데 장애물이 될 것이다.

나는 전문강사 양성과정을 진행할 때 내가 보유한 PPT, 사진, 동영상 등을 모두 공유한다. 파트너 강사들은 처음엔 힘들게 만든 자료를 공유하는 것에 반대했다. 하지만 공유한 뒤 더 새로운 것을 만들어내면 된다. 이 세상에는 자료가 무궁무진하고 새로운 스토리들이 쉴 새 없이 쏟아진다. 새로운 것 만들기를 겁낸다면 강의에 지갑을 여는 지식기반사회에서 롱런할 수 없다. 또한 양성과정을 수료한 강사들이 좋은 자료를 가지고 강의하면 그만큼 시장이 커질 것이다. 그러니 기꺼이 공유하고, 기꺼이 개발하자. 그런 실천력이 없다면 강사의 프로 정신을 의심해볼 필요가 있다.

우리는 흔히 "남의 돈 받기가 쉬운가?" 한다. 물론 쉽지 않은 일이다. 하지만 누군가는 강의로 직장인 연봉보다 훨씬 많은 돈을 번다. 좋은 기업에서 몇 시간을 강의하고 평범한 직장인의 한 달 치 월급을 받는 경우도 있다. 지식이 그만큼 대접받고 있다는 증거다. 이런 사회분위기에 개인의 노력까지 더해지면 지식기반사회의 최전선에서 살아갈 수 있다.

지식기반사회에서는 강의에 지갑을 열게 돼 있다. 지식의 중요성이 강조될수록 프로강사의 전성시대도 쭉 이어질 것이다. 그런데 양은 폭증했지만 질이 예전과 다르지 않다면 문제가 된다. 지식의 생산자이자 소비자로서 강의는 물론 강의와 관련된 제반조건에 대해 고민할 때 나는 물론 후배들 역시 지금보다 더 좋은 여건에서 강의하게 될 것이다.

지금 우리 사회는 지식에 돈을 내줄 준비가 돼 있다. 하지만 공짜는 없다. 공부하고 체득화해서 내 것으로 만들자.

06

직업 2막, 인생 2막 강사를 꿈꾼다

베이비부머 세대(1946~1965년)의 은퇴가 시작되면서 정부와 기업, 개인 모두가 큰 고민을 떠안게 되었다. 저성장 경제구조가 지속되면서 좋은 일자리는 줄어들고 평생고용 개념도 일찌감치 사라진 마당에 은퇴 후의 생활은 막막하기만 하다. 이런 분위기를 반영하듯 은퇴 예정자들에게서 강사 개인코칭을 받고 싶다는 연락을 많이 받는다. 또 명예퇴직을 앞둔 직장인, 공무원, 군인 등을 상대로 강사양성과정 교육을 주 단위로 해달라는 곳이 부쩍 늘었다. 최근 부는 바람을 볼 때 직업 2막 또는 인생 2막을 열어야 하는 사람들에게 강사가 매력적인 직업임에는 분명하다.

직업 2막, 인생 2막을 여는 사람들에게 프로강사가 매력적인 이유는 이렇다.

첫째, 창업자금이 거의 들지 않는다.

지식을 바탕으로 하는 일이다보니 준비물로는 차별화된 지식만 있으면 된다. 최대한 작게 시작해도 창업비용이 2천~5천만 원쯤 들고, 이마저도 선택할 수 있는 아이템이 적은 곳이 창업시장이다. 그런데 강사는 이런 비용부담에서 자유롭고, 은퇴 전 틈틈이 준비한 경우에는 특별한 준비기간 없이 바로 시작할 수 있다.

둘째, 간섭을 받지 않고 주도적으로 일할 수 있다.

조직생활을 오래 한 사람은 늘 주도적으로 일할 기회를 갈망한다. 강사들은 강의 내용에 대해서는 의뢰자의 지시를 받지만 강의 자체는 주도적으로 해나간다. 청중들은 강사의 말과 행동에 반응하고 이를 따라 한다. 강의에 관한 한 모든 것을 강사가 주도한다. 조직에서도 어느 정도는 재량권을 부여받지만 대표가 아닌 이상 100% 주도권은 없다. 하지만 강의를 하면 100% 주도권을 쥘 수 있다. 누구에게도 간섭받지 않고 일할 수 있다는 것이 강의의 매력이다.

셋째, 평생 현역으로 일할 수 있다.

강사는 은퇴 시기를 스스로 정한다. 건강이 허락하는 한 일할 수 있는 것은 물론 나이가 들수록 인정받는 강의 분야에서는 오히려 나이가 장점이 된다. 강사는 직업의 특성상 사람을 많이 만나기 때문에 은퇴 후에 몰려오는 외로움이나 허탈감을 느낄 새가 없다는 것도 부수적인 장점이다. 또한 강사는 자신이 주도적으로 강의를 하기 때문에 은퇴 후의 남자들에게서 흔히 나타나는 자존감 하락도 걱정할 필요 없다.

이 3가지 외에도 그동안 쌓아온 것을 나누며 얻는 보람, 시간의 자유 등을 장점으로 들 수 있다. 이런 여러 가지 장점에 힘입어 은퇴자들을 위한 강사양성과정도 많이 생겨나고 있다. 그런데 세상만사가 그렇듯 장점이 있으면 단점도 있게 마련이다. 강의 분야도 마찬가지다.

어느 강사중개업체에서 은퇴자를 위한 강사양성과정을 신설해 정부지원금을 받았다는 뉴스를 본 적이 있다. 뉴스를 보고 쓸쓸한 마음이 들었다. 지원금 규모를 보면 200명까지 양성할 수 있는 대규모의 지원금인데, 은퇴예정자 200명의 교육이수가 끝난 뒤 홈페이지에 강사 섭외를 등록시켜주는 것 말고 어떤 지원이 예정돼 있을까 하는 의문이 들었기 때문이다.

최근에는 강사에게 필수라 할 수 있는 저서와 강의기법, SNS 마케팅을 엮어 패키지로 판매하는 곳도 늘어나고 있다. 또 원터치로 진행되는 좋은 시스템도 생겨났다. 고가의 비용을 충당하기 위해 일부 은퇴자들은 퇴직금을 털어 등록하기도 한다. 또한 자비출판 시스템을 모르는 사람들에게 저서를 빌미로 상상을 초월하는 금액을 요구하는 업체도 많다.

강사를 꿈꾸는 사람들은 무대가 주는 환상幻想을 내세워 현혹하는 이런 업체들을 경계해야 한다. 저서, 강의기법, SNS 마케팅은 필수이긴 하지만 그것이 강사의 전부는 아니다. 또 3가지를 다 갖춘다고 해서 모두가 부러워하는 강사가 되는 것도 아니다. 강사는 은퇴자들에게 선망의 직업이지만 본질을 잘 살피고 강사양성과정을 이수해야 한다.

미래현장전략연구소 정기룡 소장.《퇴근 후 2시간》의 공동저자이기도 한 그는 은퇴 후 자신의 장점을 정확히 알고 콘텐츠를 개발해 강사로 안착한 사람이다. 그는 경찰공무원으로 사회생활을 시작해 탁월한 리더십과 밝은 성격으로 선후배 모두에게 고루 존경과 사랑을 받으며 경찰서장의 지위에까지 올랐다. 그런데 서장으로 공무수행 중 해임이 거론될 만큼 큰 사고가 터졌고, 사고를 수습하면서 '지금 자리가 영원하지 않다'는 생각이 들었다고 한다.

그래서 100세 시대에 은퇴 후 무엇을 할 것인지 고민하며 제빵제과기술, 떡만들기 등 당시에 유행하던 창업 아이템을 배우기로 했다. 그의 책에 나오는 대로 고등학생, 주부들로 가득한 제빵제과학원에서 빵만들기를 배우는 경찰서장에게 사람들은 신기한 눈빛을 보냈다. 하지만 그는 개의치 않고 자격증까지 취득하며 착실히 창업준비를 해나갔다.

어느 날, '창업 말고 다른 대안은 없을까' 하는 데 생각이 미친다. 그리고 오랜 공직생활을 통해 쌓은 경험과 은퇴에 대한 고민을 바탕으로 프로강사가 되기로 결심한다. 그 뒤 강사로서 기본자질을 갖추기 위해 아카데미를 다니며 '퇴근 후 2시간'을 은퇴 준비로 보낸다. 이런 노력 덕분에 그는 CBS 〈세상을 바꾸는 시간〉에 출연하고, 대전KBS 〈아침마당〉의 고정 패널로 활동하면서 현장의 중요성을 외치는 콘텐츠로 프로강사가 될 수 있었다.

정기룡 소장은 은퇴 후 2막을 강사로 열었다. 경찰서장이 되기까지 축적한 인적 네트워크나 그가 다닌 아카데미는 강사로 안착하는 데 도움이 되었겠지만 그것이 전부는 아니었다. 그는 콘텐츠 개발에 많은 정성을 기울였고, 지시 한마디에 수백 명이 일사불란하게 움직이는 조직문화에 익숙한 자신을 파괴했기에 강사로 안착할 수 있었다.

직업 2막, 인생 2막이라는 화두는 이제 누구나 고민해야 하는 문제가 되었다. 분명 강사라는 직업은 강력한 대안이 될 것이다. 하지만 과정만 이수한다고 모두 강사가 되는 것은 아니다. 그 안에 여러 요소를 갖춰야 한다.

은퇴를 앞둔 베이비부머 세대는 지금과는 달리 직업 선택의 자유가 제한돼 있었다. 나라에서는 '기술인은 조국근대화의 기수'라 외치고, 대학진학률은 지금과 비교도 할 수 없을 만큼 낮았다. 그래서 부모나 사회가 정해준 직업을 선택해야 했고, 그것이 당연시되는 분위기였다. 자신이 좋아하고 잘하는 일이 무엇인지 고민할 새도 없이 세월이 흘러갔다. 그렇게 가난을 극복하며 자식에게 아낌없이 쏟아 부었지만, 품 안의 자식은 결국 떠나게 마련이다. 여기에서 오는 허무감과 예전 같지 않은 신체변화로 인해 우울감에 빠지는 사람도 많다.

이 시기의 남자들은 자기만의 취미에 빠진다. 밤새 낚시를 하기도 하고, 자전거를 분해해 다시 조립할 정도로 취미 이상의 경지에 오르기도 한다. 여자들은 친구들과 어울려 밖으로 나가거나, 가까운 교육센터에서 다양한 것들을 배운다. 그런 모습을 보면 젊은 시절 좋아하고 잘하는 일을 할 수 없었던 아쉬움을 지금이라도 푸는 것 같아 다행이라는 생각이 든다.

그런데 이왕 시작한 일을 조금 더 발전시켜보는 건 어떨까. 단순한 취미로 끝내지 말고 단돈 몇만 원이라도 받으며 사람들 앞에서 강의를 하고, 수강생에서 강사로 삶을 업그레이드 시키는 것이다. 사회에 밀려, 의무에 밀려 하지 못했던 일을 강사로 해보는 것이다. 물론 그 과정은 쉽지 않다. 몇만 원이라도 받으려면 먼저 프로가 돼야 하기 때문이다.

인생 1막을 사는 동안 많은 노하우가 쌓였을 것이다. 그 속에는 사람들이 돈을 주고라도 듣고 싶은 말이나 해결책이 담겨 있다. 그것을 풀어내는 좋은 방법이 바로 강사다. 1막 시절에 쌓은 노하우를 쪼개고 쪼개 내 이야기를 듣고 싶어 하는 사람들에게 강의로 풀어낸다면 1막과 다른 삶, 1막보다 더 가슴 뛰는 삶을 살아볼 수 있을 것이다.

새로운 도전이 꼭 전업을 목표로 하지 않아도 좋다. 하지만 강사를 꿈꾼다면 직업 2막, 인생 2막에 강력한 동기부여가 되고 삶에 활력을 주리라는 것은 분명하다.

07

가슴 뛰는 삶의 끝은 강사다

진정으로 재능을 부여받았다면
그럼에도 갈라지고 찢어지고 불타고 길을 잃어 헤맨다면
그것은 나를 불태운 그분의 탓이리라.

미켈란젤로의 소네트 중 일부다. 우리는 미켈란젤로를 바티칸 궁의 시스티나 성당에 〈천지창조〉를 그리고, 예수를 안고 있는 성모상 〈피에타〉를 조각한 천재로 많이 알고 있다. 그의 작품을 보면 분명 천재가 맞지만, 천재다운 노력을 기울였기에 희세의 작품을 세상에 내놓을 수 있었다.

미켈란젤로는 4년 6개월 동안의 고된 작업 끝에 누구도 보지 않는 곳까지 완전무결하게 〈천지창조〉를 그려냈다. 작업 도중 쓰러지기도 했지만 결코 작업을 중단하지 않았다. 그는 60세 때 교황청에서 의뢰받은 〈최후의 심판〉도 쉬지 않고 정열적으로 그렸다. 고령에도 작업을 강행하는 그를 주변에서 말리자, 미켈란젤로는 이렇게 말했다.

"나는 끌로 흰 대리석을 조각하는 일이 가장 좋아. 죽으면 영원히 쉴 텐데, 뭘."

그러고는 다시 작업장으로 갔다고 한다. 누구보다 정열적으로 살았던 미켈란젤로는 로마에서 영원한 휴식을 얻었다. 세상을 떠나기 사흘 전에도 〈론다니니의 피에타〉를 손질하며 끝내 조각칼을 놓지 않았다고 한다.

미켈란젤로는 절대자를 향한 사랑과 시간을 소중히 여기는 마음이 있었기에 열심히 노력했고 세계의 거장으로 거듭날 수 있었다. 그는 작품을 시작하면 식사시간과 잠자는 시간만 빼고 오로지 작품에 몰두했다. 완성될 작품을 떠올리며 하루하루 가슴 뛰는 삶을 살았으니 보통사람에 비해 몇 배의 인생을 더 살 수 있었을 것이다.

미켈란젤로가 하루하루 완성될 작품을 생각하며 지냈듯이 프로강사도 오늘은 누굴 만날까, 어떤 강의 장소가 나를 기다릴까, 강의가 끝난 뒤에는 어디를 찾아갈까 하는 생각으로 가슴 뛰는 하루하루를 보낸다. 그런 날들을 직접 체험했기 때문에 나는 지금 많은 사람들에게 프로강사라는 직업을 추천할 수 있다.

미국 대통령들은 정계에서 은퇴한 뒤에는 책을 쓰고 강연을 다닌다. 평생 현역인 강사가 되는 것이다. 최고의 지위에 올랐던 그들의 마지막 직업은 프로강사라 할 수 있다. 우리나라는 문화 특성상 전직 대통령이 프로강사로 변신한 사례가 없지만, 시간이 흐르면 우리도 대통령을 지낸 프로강사를 만나게 될 것이다.

"미치면 학력은 껍데기일 뿐, 남들은 신화라지만 내 인생 겨우 전반전 종료."

이렇게 말하는 사람이 있다. 《나는 회사에 미친 놈》, 《미치게 살아라》 등의 저자이자 조직활성 강사 및 컨설턴트로 활동하고 있는 선진D&C 윤생진 대표다. 그는 금호타이어에서 고졸 생산직으로 시작해 하루 7건의 개선 제안으로 금호그룹 상무의 자리에까지 올랐던 입지전적 인물이다.

은퇴 후 수많은 직업 중 강사를 선택한 윤 대표는 전국 곳곳을 돌아다니며 자신의 경험과 열정을 나누고 있다. 특히 '고졸', '기능공'이라는 꼬리표를 뛰어넘은 스토리는 많은 청춘에게 희망을 주고 열정을 불러일으킨다.

윤 대표를 볼 때마다 이전에 어떤 직업을 가졌든 가슴 뛰는 삶의 끝은 역시 강사라는 생각이 든다. 단지 전업으로 하는 프로인가 아닌가의 차이가 있을 뿐이다. 자기 분야에서 최고의 경지에 오른 명장들도 후학을 양성하기 위해 강의를 하고 있고, 전문등산가나 연예인 등도 전업은 아니지만 강의를 하고 있다. 모두 가슴 뛰는 삶을 사는 사람들이다. 그리고 직업은 강사다.

얼굴경영전문가로 활동하는 페이스리딩 김서원 대표. 그녀는 스스로 지금 하는 일에 가슴이 뛰고 앞으로가 더 기대된다고 말하는 사람이다. 화장품전문가, 뷰티숍 대표, 방송국 전문분장사를 거치며 40대를 맞았다. 다른 사람의 얼굴을 20년 넘게 봐온 것이다.

40대가 되자 그녀는 자신이 무엇을 잘하는지 고민했고, 마침내 얼굴을 읽어주는 강사로 전환한다. 관상觀相 개념은 있었지만 얼굴경영 개념은 없던 시대였으므로 그녀는 이전에 없던 분야를 개척하기 위해 더 열심히 노력해야 했다.

처음 2년간은 매일 새벽 4시 반에 일어나 공부했다. 유일한 수입원이었던 이미지컨설팅 강의를 제외하고는 모든 시간을 공부에 집중했다. 그녀는 이미지컨설팅 강의를 하면서 얼굴경영에 대해 이야기를 할 때 청중들이 즐거워하는 것을 보고 자신감을 가지게 되었다고 한다. 그렇게 10년이라는 세월이 흘러갔고, 새로운 분야를 개척해 10년이나 공부한 만큼 실력은 확실히 쌓였다.

김 대표는 단순히 미래를 읽어주는 관상을 강의하지 않는다. 자신에게 가장 어울리는 화장법을 기본으로 해서 직업선택, 고객읽기 등 다양한 내용의 얼굴경영을 강의한다. 그녀의 강의가 인기 있는 이유는 자신이 10년 동안 쌓은 노하우를 몇 시간 안에 쉽게 풀어내기 때문이다. 또 강의 내용이 뜬구름 잡는 관상 이야기 같은 게 아니라 '씀씀이가 큰 고객 얼굴' 식으로 구체적이기 때문이다.

"10년간 공부한 분야를 풀어낼 수 있으니 앞으로가 더 기대된다."

그녀의 말처럼 하루하루 가슴 뛰는 삶은 물론 앞으로 더 가슴 뛰는 삶이 펼쳐질 테니 부러움을 살 만하다. 그녀는 오랜 공부로 완성한 강의 콘텐츠를 보유한 평생 현역 강사로서 앞으로가 더 기대되는 삶을 강의로 풀어내고 있다.

사람은 누구나 가슴 뛰는 삶을 바란다. 가슴 뛰는 삶이란 무엇인가. 자기가 하고 싶은 일을 하는 삶이 가슴 뛰는 삶이다.

그런데 많은 사람들이 가슴 뛰는 삶을 바라면서도 막상 실행 앞에서는 약한 모습을 보인다. 무엇보다 실행에는 희생이 따르기 때문이다. 사람들은 희생을 두려워한 나머지 시도조차 하지 않는다. 그저 가슴 뛰는 삶을 사는 사람을 동경하고 부러워하며 때로는 시기할 뿐이다. 대가를 치르지 않고 가만히 앉아서 가슴 뛰는 삶을 얻을 수는 없다. 대가를 치르지 않는다면 못 이룬 꿈으로 남기고 평생 후회하며 살게 될 것이다.

가슴 뛰는 삶을 사는 사람은 금전이나 명예 같은 사회적 기준에 상관없이 자신이 하고 싶은 일을 하는 사람이다. 그런 사람이 성공하는 것은 어찌 보면 당연한 일이다. 또 사회의 성공기준으로 봐도 미적지근하게 사는 사람보다 성공할 가능성이 훨씬 크다. 이런 사람들에게는 알아서 강연장이 열리고, 알아서 청중이 찾아오게 돼 있다. 그래서 모두가 부러워하는 가슴 뛰는 삶의 끝에는 강의가 있다.

'끝에서 시작하기'라는 말이 있다. 단계를 밟아야 어느 정도의 위치에 오른다는 것은 누구나 아는 사실이다. 끝에서 시작하기는 최종 목적지를 향해 지금부터 시작하는 것이다. 어느 정도의 위치에 오른 사람들은 가슴 뛰는 삶을 살아가고 있다. 그들의 끝은 강사다. 강사라는 직업을 끝에서 시작하는 것이다. 전업이 아니어도 괜찮다. 나 역시 생계를 생각지 않고 무작정 프로강사로 뛰어드는 것에는 반대한다. 하지만 끝이 강사이기 때문에 주말, 퇴근 후에 준비하라고 주문한다.

직업인으로서 우리가 추구해야 할 방향은 그 분야에서 최고가 되는 것이다. 윤생진 대표, 김서원 대표 모두 자기 위치에서 최고가 되었거나 최고를 추구하고 있다. 그들의 삶은 하루하루 가슴 뛰는 삶이다. 그리고 강의를 하고 있다. 끝에서 시작하기란 직업인으로서 최고를 추구하면서 그 끝은 강사이므로 지금부터 강의를 준비하라는 것이다.

가슴 뛰는 삶의 끝은 강사다.

자신의 직업에서 또는 어느 분야에서 최고의 경지를 꿈꾼다면 강사가 돼야 한다. 자신이 쌓아온 많은 지식을 묶어두는 게 아니라 후배들에게 나눠주는 삶을 생각한다면 꼭 강사가 돼야 한다. 강의로 눈을 돌려 끝에서 시작하고 누구보다 가슴 뛰는 삶을 살아보자.

프로강사 솔루션

Q. 최근 강사들이 많이 늘어났는데 저 같은 경단녀(경력단절여성)가 설 자리도 있을까요?

A. 요즘 잘나가는 여자 강사들을 보면 경단녀가 많습니다. 중요한 것은 경력이 아니라 시작하는 용기와 끝까지 해내는 인내입니다. 거기에 새로운 콘텐츠를 개발하는 능력도 필요합니다. 이것들은 모두 경력과 무관합니다. 먼저 자신감을 가지십시오. 프로강사의 세계에서는 경력이 아니라 오직 현재의 모습으로 당신을 평가합니다.

Q. 담당자와 통화하거나 미팅할 때 소장님만의 노하우가 있나요?

A. 미팅할 때 아이스브레이크로 하는 말이 있습니다. "프로필 사진과 많이 다르지요?(웃으며)" 단순하지만 서로 편해지는 대화입니다. 내가 먼저 나를 내려놓았기 때문에 상대도 편안하게 접근하면 미팅할 때 간단한 스몰토크를 준비하는 게 노하우입니다.

전화가 왔을 때는 기본 정보로 강의주제, 대상자 인원, 연령, 지향하는 것을 먼저 물어봅니다. 지향하는 것에서는 CS라 해도 마인드 인지, 소통인지, 공감인지 물어봅니다. 기본적인 정보를 얻고 난 다음 내 나름대로 제안을 합니다. 회사의 경우 직장인들은 대개 지쳐 있기 때문에 웃음 또는 힐링을 10분쯤 넣는 게 어떻겠냐고 제안하면 대부분 흔쾌히 받아들입니다. 그러면 그것에 따라 간단한 사전 준비물을 이야기하는 편입니다.

2장

당신도 프로강사가 될 수 있는 이유

08

자존감을 높이면 무대에 설 수 있다

무대에 서면 얼굴이 빨개지고 청중들의 시선 때문에 어느 순간 생각이 없어지는 사람이 있다. 그래서 열심히 준비한 내용도 다 잊어버린 채 망신만 당하고 무대에서 내려온다. 이런 현상을 '무대공포'라 한다. 무대공포 때문에 많은 사람들이 무대에 서는 것을 겁낸다. 혹시 실수하면 어떡하지, 준비한 대로 못 하면 어떻게 하나……. 불안한 생각이 꼬리에 꼬리를 물고 이어진다. 결국 무대는 겁나는 대상이 돼 시간이 갈수록 더 무서워진다.

무대공포는 어린이는 물론 어른에게도 나타나는 현상으로 병은 아니다. 사람이라면 누구나 가지고 있는 지극히 당연한 현상이며, 무대공포가 없는 사람은 무대를 위해 타고난 극소수의 행운아뿐이다. 모임이나 사적인 만남에서 강사가 되어 보라고 권하면 대체로 "아는 사람이나 몇 사람 앞에서는 말을 잘하는데 여러 사람 앞에 서면 떨려요" 하며 손사래를 친다. 딱 잘라 선을 긋기 때문에 더 이상 권하기도 어렵다.

만약 강사가 되고 싶은데 무대공포가 고민이라면 방법은 하나뿐이다. 바로 실전이다. 기회가 있을 때마다 무대에 올라가 자신을 알리고 경험을 쌓아야 한다. 망신을 당연하게 받아들이고 극복해야 무대공포를 이길 수 있다. 망신의 기억이 쌓여갈수록 무대극복 기술도 늘어나게 마련이다.

대한민국 대표 강사 김미경 원장도 망신당하던 시절이 있었고, 세계화전략연구소 대표이자 경제·경영 분야의 명강사 이영권 박사에게도 초보시절이 있었다. 무대에 올라가 망신을 많이 당할수록 무대공포를 극복하는 시간이 단축되고 실력도 쌓인다는 것을 기억하자.

무대공포는 실전을 통해 극복할 수 있다. 하지만 자존감이 낮으면 무대에 서는 것 자체가 어렵다. 정보를 주는 강의든 동기부여를 하는 강의든 강의의 목적은 변화를 이끌어내는 것이다. 그런데 자존감이 낮은 강사는 청중의 변화를 이끌어내는 힘을 낼 수 없다. 그러므로 무대에 서려면 강의에 필요한

다양한 기술을 익히기에 앞서 자존감을 높여야 한다.

몇 년 전부터 자존감이란 말이 자주 쓰이고 있다. 자존감은 자아존중감의 줄임말로 '자신이 사랑받을 만한 가치가 있는 소중한 존재이고, 어떤 성과를 이루어낼 만한 유능한 사람이라고 믿는 마음'이다. 즉, 자신을 사랑하고 스스로 가치 있는 존재로 여길 때 강사의 첫째 자질이 마련된다. 자존감이 낮은 상태에서는 강의가 어려운 것은 물론 세상을 살아가는 데도 어려움이 많다.

인간이 저질러선 안 될 범죄를 저지른 사람들은 과거 부모, 형제, 친구, 선생님 등에게 자존감을 크게 다친 경우가 많다. 그 상처를 긍정적으로 승화하는 법을 공교육에서 가르치지 않으니 슬픔을 다른 방식으로 표출한다. 말이 없어지고 소심하게 변하거나 폭력성을 드러내기도 한다. 어른이 돼서도 치유를 받지 못하면 최악의 경우 스스로 목숨을 끊거나 범죄를 저지른다. 그러므로 국어, 영어, 수학을 가르치기 전에 먼저 각 사람의 존귀함을 가르치는 교육이 이뤄질 때 건강한 시민으로 성장할 수 있다고 믿는다.

얼마 전 도서관에서 5주 동안 부모와 아이의 소통에 대한 강의를 들었다. 강사님은 강의 시작부터 "부모의 자존감이 낮은데 어떻게 아이의 자존감이 높겠느냐"며 부모의 자존감부터 올리라고 강조했다. 전적으로 공감한다. 실제로 우리 주변에서도 부모는 자존감이 낮은데 자녀에게 높은 자존감을 요구하는 경우를 볼 수 있다. '너라도 잘돼야 한다'는 안타까운 마음은 충분히 이해한다.

하지만 무대를 한번 예로 들어보자. 정작 자신은 무대에 서는 것을 창피해 하면서 아이에게는 무대 위에서 능숙해야 한다고 훈계하는 부모가 있다. 뭔가 앞뒤가 맞지 않는 느낌이다. 자녀가 무대에서 당당히 자기주장을 펼치는 것을 보고 싶다면 부모가 먼저 무대에서 당당한 모습을 보여주는 것이 순서다.

종종 초등학생 자녀를 둔 부모가 스피치 교육을 해달라며 아이를 보낼 때가 있다. 그럴 때 나는 부모부터 수업을 듣고 결정하라고 한다. 내 의도를 알아챈 부모는 수업을 듣고 자녀를 보내지만, 일부는 이해가 안 간다며 거절한다. '자식은 부모의 거울'이라는 말이 있다. 무대에 서려면 자존감이 높아야 한다. 부모는 자존감이 낮아 무대를 겁내면서 어떻게 자기 아이에게는 높은 자존감을 기대하며 무대에서 능숙하기를 바라겠는가. 앞뒤가 맞지 않는다.

강사와 청중의 관계도 비슷하다. 강의의 목적은 앞에서 말한 대로 청중을 변화시키는 것이다. 매너리즘에 빠진 조직에 활력을 불어넣거나, 마인드맵을 능숙하게 사용하게 하거나, 사고를 미연에 방지할 수 있게 변화시키는 것이다. 그런데 강사가 먼저 변화하지 않고 청중에게 변화를 이야기할 수는 없다.

변화도 자존감이 높아야 가능하다. 자존감이 낮은 사람에게 변화를 요구하면 변할 수는 있지만 일반적인 순응에 가깝다. 마음에서 우러나오는 변화가 아니라 보여주기 위한 변화일 수 있다. 하지만 자존감이 높은 사람은 스스로 판단해서 옳다고 생각하면 변화하기 때문에 진정성이 있다.

지금도 수많은 프로강사가 다양한 주제로 변화를 강조하고 있다. 강사들이 무대공포를 극복해야 한다고 주장하는 이유는 그에 따른 변화의 장점을 먼저 경험했기 때문이다. 변화에 성공했고 그것을 청중들에게 말하고 있으니 그 자체로 높은 자존감을 보여주는 셈이다.

프로강사를 꿈꾼다면 지금 자신의 자존감이 얼마나 높은지 점검해보자. 인터넷으로 자존감 테스트를 해보는 것도 물론 도움이 되겠지만, 전문상담소를 찾으면 더 객관적인 결과를 확인할 수 있다. 전문가들의 의견을 듣고 부족한 부분을 보강하면 된다.

자신의 메시지에 강한 자부심을 느끼고 무대와 청중이 주는 시선의 압박을 이기려면 자존감이 높아야 한다. 자존감이 무너졌다면 이를 회복해야 프로강사가 될 수 있다. 자존감을 높이는 방법은 많지만 다음에 몇 가지만 소개하겠다.

첫째, 나를 인정한다.

사람은 누구나 자신을 객관적으로 보지 못하고 스스로를 평가할 때 비하하거나 깎아내린다. 자신을 깎아내리기보다는 인정해주자. 나는 이 세상의 유일무이한 존재이며, 존재 자체로도 소중한 사람이라는 것을.

둘째, 평가 대상을 신중히 고른다.

강사들은 평가에 민감할 수밖에 없지만 아무에게나 평가해 달라고 하면 안 된다. 강사를 평가할 수 있는 건 청중뿐이다. 청중의 평가를 겸허히 받아들이면 된다. 나의 직업이나 꿈을 정확히 알지 못하는 사람에게 평가를 받는다면 상처만 남게 된다.

셋째, 성공 경험을 기록한다.

작은 성공 경험은 큰 성공의 밑거름이 된다. 성공 경험을 기록하면 객관적인 자료가 되므로 가시적 효과를 볼 수 있다.

사소한 성공이라도 기록해 자존감을 높이자.

넷째, 착한 사람 콤플렉스에서 벗어난다.

밑도 끝도 없이 착한 사람이 있다. 모두를 만족시킬 수 없는데 그는 모두를 만족시키기 위해 착한 모습을 보인다. 하지만 때에 따라서는 거절도 하고, 잘못된 점이 있으면 표현해야 한다. 그래야 상대가 알 수 있다. 착한 사람 콤플렉스에서 벗어나야만 당당히 자기 의견을 말할 수 있다.

프로강사들은 겸손하지만 결코 자존감이 낮은 것은 아니다. 자존감이 낮으면 무대에 서는 것 자체가 어렵다. 자존감이 낮다면 높이자. 스스로 사랑하지 않는데 어떻게 다른 사람의 사랑을 기대하고 변화를 외치겠는가. 자존감의 중요성은 여러 번 강조해도 지나치지 않다.

09

시간과 사람관계로부터 자유롭다

워킹맘들의 최대 고민은 시간 확보다. 시간이 있어야 홈스쿨도 하고 시간이 있어야 학교간담회에도 가는데, 시간이 없으니 아이에게 그저 미안할 따름이다. 아이의 시험점수가 낮아도, 다른 아이보다 키가 작아도 워킹맘들은 다 미안해한다. 시간이 있으면 아이에게 많은 것을 줄 수 있는데, 항상 그 시간이 문제다.

아이를 키우는 부모에게 강사는 확실히 유리한 직업이다. 아이를 위한 일정이 있으면 강의를 취소할 수 있고, 회사에서 연차를 쓰지 않아도 평일에 아이들과 많은 시간을 보낼 수 있다. 또 자녀교육을 강의하는 강사들은 사교육을 시키지 않고 직접 아이를 교육해 누구나 부러워하는 대학에 입학시킨다.

여러 사정을 보더라도 강사는 시간상 여유가 있는 직업이다. 프로강사가 시간에서 자유로운 이유는 노동시간이 아니라 전달가치에 따라 평가받기 때문이다. 전달가치가 금전적으로 높이 평가되면 4시간만 일해도 한 달 치 봉급을 받을 수 있다. 나는 강사를 꿈꾸는 워킹맘들에게 자신의 전달가치가 얼마나 되는지 스스로 점검해보라고 조언한다.

직장인을 비롯해 전업주부 등 많은 사람들이 프로강사나 1인 기업, 사업가를 꿈꾸는 이유 중 하나는 시간의 자유다. 강사인 나는 물론 주변의 1인 기업, 사업가를 보면 시간상으로 자유롭다는 것을 느낀다. 이 시간의 자유가 직장인들에게는 부러움의 대상이 된다.

그런데 여기서 명확히 해야 할 게 있다. 프로강사가 시간상으로는 비교적 자유롭지만 결코 여유로운 직업은 아니라는 것이다. 강의도 시즌이 있다보니 일정이 몰릴 때는 끼니를 거를 때도 있고, 강의가 없는 시즌에는 여유를 즐기기보다는 '강의가 안 들어오면 어쩌나' 하는 불안감으로 시간을 보낸다. 그러므로 강사나 1인 기업이 시간상 자유롭다는 것은 바쁘지 않을 때 시간계획을 직장인들보다 조금 더 자기 의지대로 사용할 수 있다는 이야기다.

나는 전국으로 강의를 다닐 때 시간이 허락하면 지역의 명소를 방문한다. 주말에는 번잡해서 가기 힘들겠지만 평일 낮의 한산함은 그 맛이 남다르다. 같이 간 강사님이 있을 때는 사진도 찍어주고 이야기를 나누며, 혼자 갔을 때는 명소의 역사나 주변 풍경을 감상하며 힘을 얻는다. 이런 점에서 시간의 자유를 느낀다.

유명 강사들의 경우 제주도 호텔에서 강의를 하게 되면 주최 측에서 비행기 티켓을 끊어주고, 해외에서 강의가 있을 때는 청중들과 같이 해외로 떠난다. 사실 제주도를 가든 해외로 나가든 강사들을 보면 여유롭기보다는 일하러 가는 모습이다. 나 또한 제주도로 강의하러 갈 때면 남들은 부럽다고 하지만 일하러 가는 것이니 긴장의 끈을 놓을 수 없다. 프로강사들이 시간상으로 자유롭기는 해도 시간의 여유가 있는 직업은 아니라는 말이다.

프로강사를 하다가 중도에 포기하는 이유 중 하나는 시간 관리의 실패다. '자유도 하나의 짐'이라는 말이 있다. 오랫동안 직장에 다니다가 그만둔 사람들은 자유로운 시간을 어떻게 써야 할지 몰라 당황한다. 마찬가지로 강사들도 자유로운 시간을 통제하지 못해 그만두는 경우가 있다. 그래서 오랜 기간 직장생활을 하다 강사를 꿈꾸는 사람에게는 남는 시간에 무엇을 할 것인지 고민해보라고 주문한다. 자유도 하나의 짐이 될 수 있는 만큼 처음 입문한 강사들은 시간관리에 특별히 신경 써야 한다.

프로강사는 시간의 자유 외에 사람관계에서도 자유를 느낀다. 직장인의 고충을 조사한 이래 직장인들을 힘들게 하는 부동의 1위는 사람관계다. 직장에서는 사람관계가 어긋나면 사표를 내거나 부서를 이동해야만 피할 수 있는데, 사실 이것은 현실적으로 힘들다. 직장인에 비해 프로강사들은 사람관계에서 스트레스를 덜 받는 편이다. 같이 일하기 싫은 사람이 있으면 이익관계가 얽혀 있어도 그냥 손해를 보고 안 만나면 그만이다. 설사 금전관계가 있어도 계약으로 움직이기 때문에 계약만 끝나면 동등한 관계가 되는 것이다. 그래서 사람관계 스트레스는 확실히 적게 받는다.

그런데 프로강사에게도 말 못할 사람관계 스트레스가 있다. 혼자 움직이다보니 언제나 '을'로 살 수밖에 없는 점이다. 사람관계 스트레스를 받아도 조직에 있으면 보호받을 방법이 있지만 프로강사는 보호받을 수 없다. 일방적 계약해지 통보, 기타 고충을 혼자 해결해야 하고, 주변에 자극을 주는 사람이 없다보니 스스로 자극거리를 만들어 동기부여를 해야 한다. 세상 모든 일이 그렇듯 직장인과 프로강사도 시간상으로나 사람관계로나 일장일단一長一短이 있다.

　화장품 회사에 사내 강사로 취업한 뒤 나는 물 만난 물고기처럼 즐겁게 일했다. 그런데 즐겁게 일하는 것과 별개로 해결해야 할 문제가 있었다. 바로 여자상사, 여자후배와의 관계다. 군대에 있으면서 남자조직의 생리는 어느 정도 이해했고 여군조직도 제법 익혔다. 그런데 회사 안에서 형성되는 여자 구성원들 간의 관계를 이해하기는 쉽지 않았다. 일과 별개로 복잡한 심리를 이해하고 거기에 맞는 대응을 찾느라 일의 집중력이 분산되기도 했다.

　하지만 지금은 다르다. 일단 모든 사람이 내 고객이다. 초등학생 친구도 내 강의를 들으면 고객이다. 즉, 모두가 상사니 오히려 편하다. 잘난 사람, 못난 사람 구분 없이 들어줄 귀가 있으면 겸손하게, 즐겁게 강의만 하면 된다. 그러면 집중력이 상당히 높아진다.

　또한 돈 주고도 살 수 없는 리더의 자질을 배우는 기회도 얻을 수 있다. 내가 주도하는 일이다보니 주인의식을 가지는 것은 물론, 파트너 강사들과 일할 때는 리더십을 발휘할 때도 있다.

　오랫동안 살아남아 끝내 빛을 보는 프로강사들은 철저한 자기관리를 통해 월급의 유혹에서 벗어나 시간, 사람관계의 자유로움을 누린다.

첫째, 바쁜 시즌에 배움 계획을 세운다.

프로강사에게 평생 배움은 생존과 연관된다. 배우지 않는 강사는 존재할 수 없다. 바쁜 시즌에는 배움에 시간을 투자하는 데 한계가 있지만, 여유 있는 시즌이 오면 무엇을 배울지 미리 고민해둬야 한다. 여유가 있을 때 닥쳐서 무엇을 배울지 고민하면 다른 유혹이 많아 제대로 배우지 못하는 경우가 있다. '불황에는 호황을 준비하고, 호황에는 불황을 대비한다'는 마음으로 배움을 계획한다.

둘째, 사람관계 마무리에 더 정성을 기울인다.

첫 이미지가 중요하다는 것은 누구나 아는 사실이다. 첫 이미지는 시간을 들여 바꿀 수 있지만, 마무리 때 이미지가 좋지 않으면 평판으로 굳어진다. 조직의 보호를 받지 못하는 프로강사에게 사람은 정말 소중한 존재다. 마무리에 정성을 기울여 평판관리에 더욱 힘쓴다.

셋째, 궁극의 목표점을 잊지 않는다.

자유를 누리기 위한 금전적 대가와 여러 가지 유혹을 이기기 위해 항상 궁극의 목표를 생각한다. 궁극의 목표는 흔들림 없이 내가 가는 방향을 잡아주는 존재로 기준점이라 할 수 있다. 기준점이 있으면 흔들림 없이 나아갈 수 있다.

프로강사는 시간, 사람관계에서 자유롭다. 그래서 많은 사람들이 눈을 돌리는 것 같다. 하지만 무슨 일이나 그렇듯 대가가 있으니, 이 대가를 고려해 프로강사에 도전하자. 대가를 충분히 치르고 여러 가지 유혹을 이길 수 있다면 당신도 분명 프로강사가 될 수 있다. 대가를 당연히 받아들이고 프로강사가 돼 시간상으로나 사람관계로나 자유를 누리며 내가 가진 재능을 마음껏 발휘해보자.

10

'1호', '연구소' 퍼스널 브랜딩시대

    같은 값, 같은 기능이면 인지도 높은 브랜드를 구매하는 것이 당연한 심리다. 브랜드의 중요성은 브랜드 개념이 생기면서부터 지금까지 계속 강조되고 있으며, 기업들은 브랜드 강화를 위해 많은 돈을 투자하고 있다. 2015년에 발표된 세계 기업 브랜드 순위를 보면 1위는 미국의 애플, 2위는 우리나라의 삼성이 차지했다. 자원과 인구 면에서 미국과 비교도 안 되는 우리나라에 세계 2위의 브랜드가 있다는 것은 자부심을 가질 만하다.

    기업 브랜드의 중요성이 강조되는 가운데 '퍼스널 브랜딩', 즉 '개인도 브랜드'라는 인식도 유행했다. 퍼스널 브랜딩 작업에 발 빠르게 참여했던 강사들은 막강한 퍼스널 브랜딩 파워를 바탕으로 평생 현역으로 활동하고 있다. 초창기 때 대중들에게 막강한 이미지를 심은 덕분에 스스로 물러나지 않는 이상 그들의 브랜드는 더욱 강화되는 추세다.

가끔 포털사이트에서 '아름다운 성교육 문화연구소'를 검색할 때가 있다. 그러면 상단에 내 이름이 뜬다. 과거에 비해 등록이 쉬워졌다고는 하지만 연구소 대표로서 흐뭇한 일이다. 양성평등시대에 건강하고 폭력 없는 사회를 만들어가는 데 성性은 빼놓을 수 없는 요소다. 아름다운 성교육 문화연구소는 성에 대한 인식과 지식, 실천이 있어야만 인격, 품격, 파트너십이 통할 수 있다는 생각으로 만든 연구소다.

이와 함께 '소통CS교육원'도 설립했다. 1차 사회집단인 가정은 매우 중요한 의미가 있다. 태어나서 처음으로 갈등을 겪고 그것을 해결하는 곳이 바로 가정이다. 가정에서 갈등을 해결하지 못하면 2, 3차 사회집단에서도 해결하지 못한다. 그래서 소통, 칭찬 등 전반적인 기술을 교육하는 소통CS교육원을 설립한 것이다.

강의를 나가면 사람들이 '아성문 소장님'이라 불러주는 것이 즐겁다. 나만의 퍼스널 브랜딩이 알게 모르게 많은 사람들에게 알려지고 있으니 흐뭇하다.

전국적으로 퍼스널 브랜딩에 성공한 강사들도 있다. 이름부터 특별한 '여러가지문제연구소' 김정운 소장. 그는 문화심리학 박사로 '대한민국은 놀아야 선진국으로 간다'는 메시지와 특유의 헤어스타일로 많은 사람들에게 깊은 인상을 남겼다. 풍부한 상식과 깊이 있는 통찰, 재미있는 화술로 다양한 TV 프로그램에 출연하며 많은 사람들에게 '놀아라'를 전파하고 있는 대표 강사다. 김정운 소장 역시 막강한 퍼스널 브랜딩의 소유자다.

구성애 대표나 김정운 소장의 행보를 보면 누구도 넘볼 수 없는 존재로 만들어주는 퍼스널 브랜딩을 어렵게 여길 수도 있다. 하지만 확실한 정체성identity으로 꾸준히 밀고 나간다면 퍼스널 브랜딩에 성공할 수 있다. 그중 한 방법이 '1호' 타이틀을 만들거나 '연구소'를 만드는 것이다.

《부모의 관점을 디자인하라》의 저자이자 부모교육연구소 이화자 대표는 부모관점디자이너다. 이 대표는 교사생활을 하면서 부모의 관점에 따라 아이가 얼마나 달라지는지 직접 경험했으며, 교단에서도 관점 변화를 통해 많은 성과를 냈다. 그리고 이렇게 쌓은 노하우를 바탕으로 부모교육연구소를 만들었다. 직원은 아직 없지만 대표로서 전국을 누비며 강사로 활동하고 있다.

이화자 대표는 《엄마는 아이의 미래다》, 《행복한 엄마수업》, 《나를 깨우는 힘》을 펴내며 퍼스널 브랜딩에 힘쓰는 동시에 블로그 활동을 하고 홈페이지도 만들었다. 그녀의 강한 브랜드 파워는 바로 '부모관점디자이너 1호'라는 타이틀이다. 이 대표는 강의를 나가서도 이 타이틀을 적극 홍보하며, 부모관점의 중요성을 인식시키는 내용을 주로 강의하고 있다.

우리나라에는 자녀교육 전문강사들이 많다. 이화자 대표의 부모교육연구소는 후발주자로서 적극적인 퍼스널 브랜딩 작업을 펼쳤다. 그 결과 활동을 시작한 지 2년 만에 〈뉴스메이커〉에서 뽑은 '2015년 한국을 이끌 혁신리더'에 선정될 만큼 능력을 인정받았다.

이처럼 뚜렷한 정체성을 가지고 꾸준히 밀고 나간다면 퍼스널 브랜딩을 할 수 있으며, 프로강사를 시작하는 데 도움이 될 것이다.

그렇다면 프로강사에게 필요한 퍼스널 브랜딩인 '1호', '연구소'를 만들려면 어떻게 해야 할까.

이화자 대표의 경우처럼 잘 만든 브랜드는 후발주자에게 경쟁력을 갖추게 하고 평생을 함께할 수 있다. 다음 내용을 바탕으로 신중히 만들어보기를 바란다.

첫째, 본질을 심사숙고해 만들어야 한다.

'또또'라는 타이틀로 활동하는 CS강사가 있다. 강사의 본질은 또 불러주는 것이라는 생각에 "또또강사 OOO입니다"라는 소개와 함께 강의를 시작한다. 짧지만 강사의 본질 자체를 이해하고 만든 브랜딩이라 할 수 있다. 그는 타이틀에 맞게 같은 곳에 자주 강의를 나간다.

이처럼 강사의 본질이나 자신이 강의하는 내용의 본질을 알고 타이틀을 만들 필요가 있다. 본질을 파악하기가 어렵다면 청중에게 무엇을 주고자 하는지 끊임없이 질문해보라. 그러다보면 핵심 키워드가 잡히고, 이 키워드를 단순명료하게 만들어 브랜드화하면 된다.

둘째, '1호', '연구소'를 만들 때 차별화를 뚜렷이 해야 한다.

'욕심많은 워킹맘' 블로그의 주인 김은영 씨는 홈스쿨 전문가로 활약 중이다. 사실 홈스쿨에 대해서는 전문가가 아주 많다. 그래서 그녀는 워킹맘들을 위한 '15분 홈스쿨'이라는 명쾌한 메시지로 다른 홈스쿨 전문가들과 차별화하는 데 성공했다. 초기 선점을 하지 않는 이상 단순히 1호, 연구소로는 부족하다. 정확히 차별화를 해야 한다. 즉, 고객을 쪼개고 쪼개는 나노브랜드를 생각해 차별화를 이뤄야 한다.

셋째, 전문가의 마음으로 제대로 운영해야 한다.

개인연구소가 유행하다보니 강사들은 물론 일반인들도 연구소를 만들고 있다. 1호 타이틀이나 연구소를 만들라고 하면 가볍게 생각하는 사람들이 있는데, 가볍게 생각하고 오픈하면 운영이 쉽지 않다. 퍼스널 브랜딩 작업은 대부분 인터넷으로 이루어지기 때문에 흔적이 온라인에 고스란히 남는다. 만약 운영이 어려워 문을 닫을 경우 그 흔적이 상처로 변할 수 있다. 그러므로 특정한 주제를 전문적으로 연구하고 많은 사람들에게 도움을 주겠다는 생각으로 운영해야 한다.

넷째, 꾸준히 밀고 나가야 한다.

브랜드를 정립한다는 것은 상대에게 중간과정 없이 자동으로 브랜드를 떠올리게 하는 일이다. 그렇게 되려면 일관되게 오랫동안 주입시켜야 한다. 주입시키는 시간을 참지 못해 브랜드를 자주 바꾼다면 많은 사람들이 기억할 수 없다. 본질과 차별화를 생각해 신중하게 브랜드를 만들었다면 꾸준히 밀고 나가야 한다.

프로강사에게 퍼스널 브랜딩 작업은 분명 큰 기회다. 내실을 갖추면서 퍼스널 브랜딩 작업을 한다면 후발주자로서도 강력한 차별화를 이룰 수 있다. 스스로 1호, 연구소 타이틀을 만드는 데는 비용이 많이 들지 않는다.

당신도 연구소를 차릴 수 있으며, 이 세상에 없는 1호를 만들어 활동할 수 있다. IT기기가 발전할수록 이런 일들은 한층 수월해진다. 중요한 것은 행동과 꾸준함이다. 퍼스널 브랜딩을 통해 누구도 넘볼 수 없는 존재로 거듭나자. 또한 연구소, 1호를 만들 때 정립한 정체성을 끝까지 지킨다면 당신을 따르는 추종자나 팬도 생겨날 것이다.

실력은 무명 때 길러진다고 한다. 마찬가지로 내 브랜드도 무명 때 확립하고 만들게 된다. 지금 무명이라면 퍼스널 브랜딩을 확립하기에 가장 좋은 시기다. 프로강사로서 실력을 쌓고 퍼스널 브랜딩을 하자.

11

강사는 무점포, 무자본의 1인 기업이다

얼마 전 창업박람회를 다녀왔다. 입구부터 내 코를 자극한 것은 바로 요식업 프랜차이즈들의 시식 코너였다. 마침 점심 시간 직전이라 입도 즐거운 시간을 보냈다. 그러고 나서 살펴보니 정확한 숫자는 알 수 없지만 입점한 기업이 대부분 요식업 프랜차이즈였다. 박람회는 그 분야의 최신 트렌드를 나타내는데, 현재 창업분야에서는 요식업 프랜차이즈가 막강하다는 것을 새삼 느꼈다.

요식업 프랜차이즈를 더 알고 싶어 다양한 곳에서 상담을 받아보았다. 요식업도 유행을 타다보니 지금 인기 있는 프랜차이즈의 창업비용은 웬만한 직장인의 퇴직금과 맞먹는 수준이다. 상담을 하면서 '열정만 있으면 성공을 보장한다'는 말을 계속 들었지만, 우리나라 요식업의 창업과 폐업 통계를 보면 현실을 직시하게 된다. 경기도만 봐도 요식업의 창업률과 폐업률을 비교한 통계(2012년)에 따르면 90.9%가 폐업을 한다고 한다. 즉, 열 곳이 창업을 하면 아홉 곳은 폐업을 한다는 것이다. 요식업을 포함한 창업 폐업률은 78.4%로 나타났다. 전문가들은 철저한 준비과정 없이 창업하는 것이 문제라고 진단하면서, 베이비부머 세대들의 창업 행렬은 계속 이어질 것으로 예상했다.

멀리서 찾을 것 없이 주변을 둘러봐도 폐업했으니 싸게 사가라는 전단지가 지저분하게 붙어 있다. 또 얼마 전 오픈해 새로 올린 간판이 몇 개월 만에 다른 간판으로 바뀌는 모습도 자주 보인다.

우리나라 창업 현황을 볼 때마다 베이비부머 세대의 창업은 떠밀려서 하는 것이라는 생각이 들고, 20~30대의 창업을 보면 대안이 없어 하는 것이라는 생각이 든다. 정부와 기업, 개인 모두가 창업에 대해 많은 대안과 의견을 내놓고 있지만 여전히 창업 생존율은 고전을 면치 못하고 있다. 특히 빚을 내서 창업했다가 폐업하면 회복 불가능한 수준으로 떨어지는 경우가 많아 안타까운 마음이 든다.

프랜차이즈 업체와 마찬가지로 강사양성과정에서도 무조건 강사가 좋다고 설명하는 경우가 많다. 수강생을 많이 유치하기 위한 전략인 셈이다. 나 역시 강사양성과정을 하고 있고 관련 책도 쓰고 있지만, 무조건 강사를 해야 한다는 생각은 추호도 없다. 강사의 세계 역시 시작한다고 무조건 성공하는 것도 아니고 눈물, 콧물 다 빼며 치열하게 노력해야 성공하는 분야다.

직업의 전환은 한 개인의 인생은 물론 그 가정을 흔들 수 있는 문제이므로 매우 신중하게 결정해야 한다. 그래서 강사양성과정을 하는 사람들은 한 사람의 인생을 책임진다는 마음으로 양성해야 하는데, 수강생만 유치하고 끝내는 강사양성과정이 많아 안타깝다. 강사양성과정 수업이 필요한 사람들은 정말 자신에게 도움이 될 만한 양성과정을 선택하는 안목이 있어야 한다.

강사는 무점포, 무자본의 1인 기업이다. 이 점에서는 프랜차이즈보다 위험성이 적다. 하지만 강사를 무작정 권유하고 꼭 해야 한다고 말하지는 않는다. 선택은 항상 신중에 신중을 거듭해야 한다. 그렇게 해서 결정했다면 꼭 필요한 과정에 교육비를 내고 최대한 많은 것을 배우고 활용할 것을 권한다.

강사의 진입 장벽은 비교적 낮다. 나이가 들수록 유리한 강의 분야도 상당히 많고, 학벌을 뛰어넘는 강사도 많다. 오히려 학벌을 극복한 강사들에게 청중은 더 열광한다. 진입 장벽도 낮은데 무점포, 무자본으로 시작할 수 있으니 창업보다 여러 가지로 유리한 점이 많다.

또한 몇 년 전부터 강의 장소를 대여하는 곳이 늘어나면서 강사들에게는 더욱 유리해졌다. 사람만 모을 수 있으면 장소를 대여하면 된다. 꼭 전문 대여장이 아니어도 교육기관이나 문화센터처럼 저렴한 가격에 대여할 수 있는 장소가 늘어나는 추세다. 그러니 강의 장소가 없어 강의할 수 없다는 건 평계에 불과하다.

프로강사는 무점포, 무자본이 가능한 데다 개인의 노력에 따라 홍보비용도 들지 않는다. 바이럴 마케팅 전문기업에 맡겨 홍보를 할 수도 있지만 개인이 구축한 SNS를 활용해 충분히 홍보가 가능하다. 평소 인맥관리를 잘한 사람은 SNS에 홍보물을 올렸을 때 많은 사람들이 공유해줘 저절로 홍보가 된다. SNS가 발전하고 아는 사람이 늘어날수록 프로강사들은 홍보 면에서 유리한 위치를 차지한다.

프로강사의 또 다른 장점은 지식을 바탕으로 일하기 때문에 재고비용이 발생하지 않는다는 것이다. 제조업이나 요식업의 경우 재고를 털어내기 위해 때에 따라 손해를 감수하고 판매하지만, 지식에는 재고비용이 없다. 그리고 지적재산권 개념이 확립되면서 지식에 대한 권리는 점점 강화되고 있다.

무점포, 무자본에 재고비용도 없고 SNS가 발전할수록 홍보도 유리해지는 직업이 프로강사다. 1인 기업의 정석이라 할 수 있는 '최대한 작게 시작하기'를 실천할 수 있는 기업인 셈이다. 당연히 이런 장점을 적극 활용해야 한다. 그런데 몇몇 사람들은 자기 이름으로 된 아카데미를 열고 싶다는 꿈이 강해 처음부터 점포와 자본을 쓰고 교재 등을 사서 재고비용을 안고 시작한다.

사내 강사를 하다 프로강사로 전환한 Y가 있다. 그는 대기업 유통업체 사내 강사를 하던 중 심각한 매너리즘에 빠진다. 매일 똑같은 내용으로 강의하다보니 지겨워지기 시작한 것이다. 한 달에 한 번 참석하는 강사모임에서 프로강사들의 자유로운 모습을 보면 부럽기 짝이 없었다. 게다가 프로강사들의 강의를 들어보면 자신과 수준이 비슷했다. 강의 실력은 자신이 있었다.

Y는 본격적으로 프로강사를 준비했다. 그즈음 지하철역 근처에 아카데미가 매물로 나왔다. 시설도 그대로 사용할 수 있고, 주변에 직장인들이 많아 스피치 강의를 하기에 좋을 것 같았다. 주변 강사들이 그에게 성급하게 아카데미를 차리기

보다는 강의장을 대여하거나 출장강의부터 시작하는 게 좋겠다고 권유했지만, 그는 아카데미 자리가 탐나 계약을 진행해버렸다. 그리고 회사를 그만두었다. 그의 도전에 직장인들은 박수를 보냈고, 그는 뿌듯함을 느꼈다.

기본 인테리어만 바꾸면 되므로 빠르게 아카데미를 오픈할 수 있었다. 하지만 Y는 직원계약, 마케팅, 운영 시스템, 세금 등에 대한 정보가 전무한 상태였다. 출장강의를 나가서 번 돈으로 임대료를 내려 했지만, 한두 명이 신청한 수업도 진행해야 하니 출장강의도 쉽지 않았다.

프리랜서 강사들을 데려다 쓰고 싶었지만 이것 역시 인건비가 만만치 않았다. 마케팅도 바이럴 전문회사에 의뢰했지만 신통치 않았다. 인터넷으로도 스피치를 배울 수 있는 시대인 만큼 수강생이 생각만큼 오지 않았다. 그래서 직장인들을 위한 스피치 외에 면접, 이미지, 강사양성과정도 했지만 Y 혼자 돌리기에는 한계가 있었다.

매월 임대료를 내야 하고, 전화상담을 하는 아르바이트생도 쓸 만하면 그만두는 등 힘든 날이 2년쯤 이어졌다. Y는 얼마 안 남은 퇴직금을 더 까먹기 전에 아카데미를 접고 기업 출장강의를 전문으로 하는 강사로 전환했다. 하지만 그 역시 상당한 수준의 경영과 리더십, 조직활성화 지식을 필요로 하기 때문에 몇 년은 고전을 면치 못했다.

　Y는 무점포, 무자본의 장점을 잘 살리지 못했다. 사실 많은 프로강사들은 자기 이름으로 된 아카데미를 꿈꾼다. 출장강의는 고액으로만 나가고 나머지는 아카데미에서 강의하고 싶은 것이다. 하지만 준비 없이 아카데미만 덩그러니 차려놓는다고 해서 수강생이 오는 것은 아니다. 수강생들은 아카데미 원장 또는 대표의 명성과 실력을 먼저 보기 때문이다.

　프로강사로 전환할 때는 이 점을 기억하자. 우리가 부러워하는 프로강사들은 자신의 센터나 아카데미를 운영하고 있지만, 모두 한 계단 한 계단 단계를 밟아 지금과 같이 멋진 건물에서 강의를 하게 되었다는 사실을 말이다.

　누구나 프로강사를 할 필요는 없다. 또 아무나 프로강사를 하면 안 된다. 개인의 성향, 가족의 동의, 실력 등을 심사숙고해 프로강사가 되기로 마음먹고 행동에 들어간다면 무점포, 무자본의 장점을 최대한 활용해야 된다. 이 장점을 살리기 위해 끊임없이 공부하고 콘텐츠를 연구하는 프로가 돼야 한다.

12

찾아보면 교육기회는 얼마든지 있다

블로그에 휴대폰 번호를 공개하면 예상치 못한 전화가 걸려올 때가 있다. 그날도 다음 날 강의를 준비하고 있는데 벨이 울렸다. 블로그를 보고 전화했다는 그는 31세로 지금 생산직 2교대로 일하고 있는데 미래가 걱정돼 직업을 바꿔야 할까 고민 중이라고 했다. 그의 말을 듣고 조금은 황당했다. 직업상담사도 아닌 내게 어떤 직업으로 바꿔야 할지를 묻다니. 하지만 용기 있게 전화를 걸어왔으니 성심껏 직업상담을 해주었다. 그는 상담 끝에 요리로 직업을 전환하고 싶다고 했다. 그런데 생면부지의 사람과 직업상담을 끝낼 때쯤 그가 물었다.

"근데요, 요리학원은 어디 있습니까?"

순간 그의 나이를 생각하니 당황스럽다 못해 지금까지 이 험한 세상을 어떻게 살아왔나 궁금하기까지 했다. 나는 간단하게 인터넷 검색창에 자신이 살고 있는 지역과 '요리학원'을 치면 될 거라고 말해주고는 통화를 마무리했다. 지금 생각해 보면 다음 날 강의 준비로 정신이 없어 좀 더 친절하게 대하지 못했던 것이 후회가 되고, 요리사에 도전하고 있는지 궁금하다.

그가 요리학원을 어떻게 찾아야 하는지 몰랐던 이유는 아마도 자기 직업 세계에 살고 있기 때문일 것이다. 다양한 곳에서 견문을 넓혔다면 요리학원 찾는 것쯤 아무 일도 아닌데, 자기 직업 세계에만 살았으니 다른 분야를 찾기가 당연히 어려웠을 것이다.

강사들끼리 모여 이야기를 나누면 눈에 띄는 간판이 아카데미 간판이고, 대로변에 걸려 있는 수많은 현수막 중 수강생 모집 현수막만 보인다고 한다. 또 서점에 가면 스피치나 다중지능 등 유행하는 강의 관련 책만 보인다고 말한다. 나도 비슷하다. 이런 시야 구속을 막기 위해 다양한 분야의 사람을 만나고 책도 읽어보려 하지만 아무래도 한계가 있다.

강사들의 눈에는 수강생 모집 현수막만 보이듯 우리는 보이는 것 때문에 보이지 않는 것을 구속시킬 때가 많다. 많은 사람들이 직업전환을 꿈꾸지만 무엇을 어떻게 배워야 할지 잘 모른다. 강사로 전환할 때도 마찬가지다. 교육기관과 양성과정이 차고 넘쳐도 이를 찾지 못하는 사람은 배울 곳이 없다고 울상이다.

사실 조금만 노력하면 프로강사로 전환할 수 있게 교육해주는 곳은 얼마든지 있다. 단지 손품, 발품을 팔지 않아 못 찾는 것뿐이다. 단적인 예로 포털사이트 검색창에 지역명과 함께 '강사양성'이라고 입력하면 많은 정보가 쏟아진다. 그중에서 자신과 가장 적합한 교육과정을 찾으면 된다.

요즘 프로강사라는 직업이 뜨다보니 정부에서도 '내일배움카드'를 발급해 강사 직업을 적극 육성하는 추세다. 내일배움카드를 활용하면 정부 보조로 교육을 받는 것은 물론 취업 등에서도 다양한 혜택을 얻을 수 있다. 내일배움카드에 대해서는 고용노동부 HRD-Net(hrd.go.kr)을 참고하면 도움이 될 것이다. 꼭 강사양성과정이 아니더라도 다양한 교육기회를 찾아볼 수 있으니 참고하자.

고용노동부 산하 교육기관 외에도 자격증을 발급해 강사를 양성하는 곳은 상당히 많다. 지역에 있는 교육기관과 교육내용을 알아보고 싶다면 큐넷(q-net.or.kr)의 자격증 정보와 교육기관을 참고하거나 민간자격 정보서비스(pqi.or.kr)를 참고해 많은 정보를 얻을 수 있다.

기술 계통의 강사를 생각하고 있다면 한국기술교육대학교 능력개발교육원(hrdi.koreatech.ac.kr)을 참고하고 산업안전, 교통안전 등 안전 관련 강사가 되고 싶다면 한국산업안전보건공단 외에 여러 교육기관을 참고하면 된다.

직장에 다니고 있거나 여건이 허락되지 않아 직접 수강이 어렵다면 인터넷 강의로 강사양성과정을 이수할 수 있다. 인터넷 강의에도 직장인 환급과정, 계좌제 등 다양한 보조혜택이 마련돼 있으며, 최근에는 학점은행제와 연결돼 유리한 점이 많다.

정부보조금을 받는다고 해서 불이익이 있거나 교육과정 수준이 떨어지는 것은 아니다. 환급과정이나 내일배움카드 교육기관으로 선정되려면 까다로운 조건을 만족시켜야 하며, 주기적으로 정부 감사도 받는다. 몇 년 전부터는 투명성을 더 높이기 위해 수강생 출석을 지문인식 시스템으로 하고 있다. 이렇게 교육기관의 강사나 시설은 상향평준화가 이루어진 가운데 남은 문제는 개인이 얼마나 열정적으로 배우느냐다.

자기 직업의 시야에만 갇히지 않는다면 강사를 양성하는 교육과정, 교육기관 정보는 노력 여하에 따라 얼마든지 얻을 수 있다. 오히려 너무 많기 때문에 제대로 된 곳을 찾기가 어렵다. 제대로 된 교육기관을 찾을 때 가장 조심할 것은 인터넷에 올라오는 무분별한 광고성 홍보글이다.

많은 사람들이 자신의 상황에 맞는 교육과정과 교육기관을 알기 위해 포털사이트의 지식인 게시판에 글을 올린다. 그러면 몇 분도 안 돼 답변이 쏟아진다. '21세기 뜨는 교육과정', '100% 자격증 취득과 취업보장' 등 강사로 전환하고 싶은 사람들이 듣고 싶어 하고 필요로 하는 문구들로 도배가 되는 것이다. 잘 알다시피 이런 답변들은 광고이므로 수강을 결정할 때는 신중히 판단해야 한다.

무대 위의 주인공이 된다는 것은 분명 멋진 일이다. 이런 멋 때문에 이면을 알기 어려운 경우가 많다. 더욱이 인터넷의 특성상 사실을 확인하기가 쉽지 않다. 화려한 후기 속에 감춰진 진실을 정확히 알기는 어렵다. 이런 점에서 인터넷의 글들은 참고만 하고 제대로 된 정보로 나의 시간과 비용을 지켜야 한다.

시대가 변해도 제대로 된 정보는 발품에서 나온다. 더 정확하고 신뢰가 가는 교육기관과 교육과정을 찾으려면 발품을 팔아야 한다. 단순히 근처 교육기관만 돌아다녀서는 제대로 된 정보를 얻기가 힘들다. 중요한 것은 프로강사들이 있는 곳으로 들어가는 방법이다. 프로강사들이 주는 정보가 가장 알차기 때문이다.

프로강사들은 주기적으로 모임을 가진다. 철저하게 프로강사끼리만 모일 수도 있지만 일일특강 형식으로 강의를 열 때는 일반인들도 프로강사들이 있는 곳에 갈 수 있다. 그곳에서 특강도 듣고 식사시간이나 교제시간에 더 많은 정보를 얻을 수 있다. 이때 자신이 특정 분야의 강사를 생각하고 있다면 교제를 통해 그에 대해 더 구체적인 정보를 구할 수 있다.

〈조선일보〉의 유명 칼럼니스트이자《방외지사》등 강호동양학을 깊이 연구한 조용헌 교수는 운명를 바꾸는 방법 5가지를 제시했다. 그중 하나가 '눈 밝은 스승을 만나는 일'이라 했다. 제자는 자기 나름의 기준으로 스승을 찾을 것이고, 스승 역시 자기 기준에 맞는 제자를 찾을 것이다. 그러므로 눈 밝은 스승을 만나는 일은 제자에게나 스승에게나 큰 행운이며, 자신의 운명을 바꿀 수 있는 방법이다.

교육기관이 차고 넘치고, 그 안에는 나보다 앞서 나간 선배들도 차고 넘친다. 하지만 제대로 된 교육기관과 프로강사로 전환할 때 큰 힘이 될 스승을 만나기는 쉽지 않다. 그래서 교육기관이 차고 넘쳐도 손품, 발품을 팔아 정성껏 찾아보는 것이 당연하다.

이 당연함을 알고 프로강사로 전환하는 데 큰 힘이 될 교육 기회를 적극 찾아 나서자. 제대로 된 교육기관에서 제대로 배운다면 직업의 변환이 안정적으로 이루어질 것이다. 그리고 시간이 흐른 뒤 누군가는 나를 스승으로 생각해 정성을 아끼지 않고 찾아올 것이다.

13

경험을 자본으로 바꾸면 프로강사가 될 수 있다

지금은 연애도 학습과 연습이 필요한 시대다. 과거에는 신변잡기식 연애방법 책이 거의 전부였지만 요즘은 많이 달라졌다. 2004년 연애컨설턴트라는 직업을 창직創職한 송창민 씨의 저서 《연애교과서》는 연애를 자기계발로 보는 관점을 제시했다. 연애를 통해 서로 발전할 수 있다는 주장은 젊은이들에게 신선한 충격을 주었다. 송창민 씨의 등장으로 연애도 컨설팅이 필요하고 학습이 필요하다는 인식이 생겼다.

어느 덧 10년이 흐른 지금, 수많은 연애컨설턴트가 활약하고 있다. 그중 가장 두드러지는 연애컨설턴트이자 프로강사가 있다. 바로 연애를 딱 한 번 하고 TV, 잡지 인터뷰, 강연 등으로 종횡무진 활약하는 '좋은연애연구소' 김지윤 소장이다.

연애컨설팅은 물론 프로강사의 세계에서도 김지윤 소장의 등장은 정말 핫이슈였다. 어떤 강의를 한다는 것은 청중보다 더 많이 알고 있음을 전제로 하는데, 김지윤 소장은 이력에 밝힌 대로 연애 경험이 딱 한 번뿐이다. 그런데도 프로강사로 전국을 누비며 바쁜 시간을 보내고 있다.

20대 시절 그녀는 선교단체인 한국기독학생회IVF와 사랑에 빠져 수련회와 캠프, 사경회에 헌신하며 시간을 보낸다. 또 얼토당토않은 이유로 남자들에게 자존심을 세우느라 제대로 연애 한 번 못한다. 그러다가 서른을 앞두고 연애를 못한 이유에 대해 냉정하게 자신을 평가해본다. 현실을 직시하고 뼈를 깎는 회개와 반성을 통해 기적처럼 한 남자를 만나 결혼에 골인한다. 여기까지가 김지윤 소장의 연애경험이다.

김 소장은 결혼 후 자신의 거울과 같은 많은 사람들을 위해 선교단체와 교회에서 강의를 시작했다. 비슷한 사연의 주인공들에게 현실적인 연애경험을 강의했는데, 특유의 입담으로 널리 소문이 나자 대학교 등 여러 단체에서 그녀를 불러주었다. 지금은 MBC 〈세상에 단 하나뿐인 강의〉, tvN 〈김지윤의 달콤한 19〉 등에 출연하면서 프로강사로, 아내이자 아이의 엄마로, 저자로 바쁘게 살고 있다.

김지윤 소장은 자신의 경험을 자본으로 바꾼 사례다. 자신과 연애 유형이 비슷한 사람들에게 경험담을 나눠주었고, 그 경험담을 《사랑하기 좋은 날》과 《달콤살벌한 연애상담소》 등 책으로 출간해 자본으로 바꾼 것이다. 최근에는 《직장생활도 연애처럼》을 출간하면서 범위를 직장생활 소통으로까지 넓히고 있다.

김지윤 소장처럼 단 한 번의 경험이라도 특별한 의미를 부여해 강의로 만들고, 그 경험을 듣고 싶어 하는 사람들을 찾아간다면 프로강사가 될 수 있다. 자신의 경험을 사소한 것으로 판단해버리면 사소하게 되지만 특별하다고 생각하면 특별한 법이다.

당신도 지금껏 다양한 경험을 했을 것이다. 그 다양한 경험과 극복과정을 토대로 지금 비슷한 경험과 극복과정을 거치고 있는 사람들을 돕는 것에서부터 시작해야 한다. 김 소장의 시작도 자신과 비슷한 경험을 하게 될 교회 처녀, 총각들을 대상으로 한 강의였다는 것을 기억하자.

나는 프로강사를 꿈꾸는 사람들에게 자신이 겪은 경험과 극복과정을 지금 겪고 있는 사람들을 돕는 것으로 강사를 시작하라고 조언한다. 그러면 사람들은 이렇게 반문한다.

"강사님, 제게 어떤 경험이 있는지 선택해주세요. 그럼 그것을 가지고 최선을 다해 준비해볼게요."

　이처럼 자신의 경험을 찾아내고 그것을 자본으로 바꾸는 일을 스스로 해내기는 참 어렵다. 하지만 경험을 소중히 여기고 내 강의를 들어줄 고객을 잘 찾는다면 프로강사로 안착할 수 있다. 이때 자신의 경험은 특별하고 소중하다는 것이 전제돼야 한다. 나는 이런 전제 아래 다음 5가지 질문을 통해 스스로 찾아보라고 조언한다.

1. 현재 내가 흥미롭게 배우고 있는 것은 무엇인가?
2. 현재 즐겨 하는 것과 관련된 것은 무엇인가?
3. 다른 사람이 내게 많이 물어보는 것은 무엇인가?
4. 1~3의 질문을 토대로 전문지식을 익히고 싶고 다른 사람들을 도우면서 보람될 주제는 무엇인가?
5. 강의를 시작할 첫 주제와 사업확장의 중심에 두고 싶은 주제는 무엇인가?

　경험을 자본으로 바꾸는 5가지 질문의 시작은 청중이 아닌 바로 나 자신이다. 청중이 아무리 듣고 싶어 하고 강의료를 많이 준다 해도 전달하는 나 자신이 강의에 자신이 없다면 거절하는 것이 모두에게 도움이 된다. 자신을 첫 고객으로 생각하고 스스로 가치 있고 당당하게 이야기할 수 있는 주제를 5가지 질문으로 찾아보자.

사업확장까지 하고 싶은 주제를 찾았다면 이제 고객에게 집중해야 한다. 다음 4가지 질문을 통해 고객을 찾아보자.

1. 내가 선택한 주제로 강의를 한다면 가장 혜택을 받을 사람은 누구인가?
2. 내 강의에 기꺼이 돈을 지불할 것으로 생각되는 사람은 누구인가?
3. 내 주제를 더 깊이 배울 필요가 있어 보이는 사람은 누구인가?
4. 내 주제를 필요로 하는 조직이 있는가?

강의주제에 내가 경험했던 것들을 고려해 고민해보면 이 4가지 질문에 수월하게 답할 수 있을 것이다. 질문에 답하기가 어렵다면 주변 사람들에게 도움을 청해도 괜찮다. 이 질문은 고객을 명확히 하는 작업이다.

다음으로는 명확히 규정한 고객들의 문제점을 찾아야 강의료를 받을 수 있다. 고객들은 자신의 문제를 쉽게 꺼내놓지 않으므로 이 역시 끊임없는 고민과 질문으로 찾아내야 한다.

다음은 고객의 문제를 찾는 6가지 질문이다.

1. 내 고객들은 어떤 목표를 가지고 있는가?
2. 내 고객들이 주제에 대해 더 알고 싶어 하는 것은 무엇인가?
3. 내 고객들이 관심을 가지는 조직이나 교육은 무엇인가?
4. 내 고객들이 하기 싫어하는 일은 무엇인가?
5. 내 고객들이 비싸더라도 구입하는 것은 무엇인가?
6. 내 고객들이 내가 주장하는 목표를 향해 갈 때 빠뜨리는 단계는 무엇인가?

고객의 문제를 찾았다면 당신의 경험과 이야기를 정리해야 한다. 총 15개 질문을 바탕으로 정리하면 고객들이 만족하는 강의를 해낼 수 있을 것이다. 경험을 이야기할 때는 단순히 시간별로 나열하기보다는 좀 더 극적인 요소를 보태는 것이 좋다. 많은 사람들이 흥미를 가질 만한 갈등의 시작과 해결 과정에 정성을 기울이는 것이다. 그리고 강의를 뜬구름 잡는 내용으로 끝낼 수 없으니 갈등을 해결한 과정을 좀 더 현실적이고 시대에 맞는 해결책으로 제시해야 한다.

청년들에게 꿈과 도전을 강조하는 어느 강사는 "우리는 걸음마부터 칭찬을 받았다"고 말한다. 우리는 걸음마에 성공한 경험이 있는 사람들이다. 그 후 진학, 취업, 연애, 결혼, 출산, 양육 등 상상 이상의 경험을 한다. 내가 겪은 경험 속에 갈등이 있었고, 그것을 잘 해결했기 때문에 지금까지 온 것이다.

지금도 누군가는 내가 했던 고민으로 시간을 보내고 있고, 돈을 줘서라도 해결법을 찾고 싶을 것이다. 그래서 당신의 경험이 소중하다. 그 소중한 경험을 자본으로 바꾸어 프로강사로 살아가자.

14

강의 기회는 개척하는 사람의 것이다

지금은 간호병과가 아니더라도 여자군인을 쉽게 볼 수 있지만, 25년 전에는 간호병과 외의 여자군인은 흔치 않았다. 이런 이유로 군복을 입고 밖에 나가면 늘 주목을 받았다. 당시에는 나에게 쏠리는 사람들의 시선이 좋았다. 그래서 전역 뒤 자연스럽게 사내 강사 일을 시작했다. 여군부사관 훈련소부터 육군본부까지 언제나 크고 당당한 목소리로 말했던 습관은 강의를 할 때 큰 경쟁력이 되었다.

시간이 흘러 내 사업을 해보고 싶은 마음에 프로강사에 도전했다. 프로강사를 시작하면서 맨 처음 도전한 것이 10년 전 200만 원을 들여 이수한 강사양성과정이었다.

내가 강사양성과정에서 배우고 싶었던 것은 PPT 제작, 목소리공명법, 아이스브레이크 기법 같은 것이 아니었다. 남편의 지지를 어렵게 얻어 시작한 고가의 과정이었으므로 무엇보다 프로강사들의 영업비법을 배우고 싶었다. 또 강사로서 당당히 성공하는 모습도 남편에게 보여주고 싶었다.

안타깝게도 강사양성과정에서는 영업비법을 전수해주지 않았다. 그 뒤로도 많은 과정을 이수했지만 프로강사들의 영업비법 같은 것은 가르치지 않았다. 돌이켜 생각해보니 프로강사의 영업비법은 개척하는 사람의 것이 아닌가 싶다.

강사양성과정을 누구에게 수강하든 영업비법을 100% 전수받을 수는 없다고 생각한다. 성공으로 가는 정석이 없듯 강사로서 영업을 잘하는 정석도 존재하지 않기 때문이다. 또한 영업은 기술도 기술이지만 근성, 기질, 노력 등 다양한 요소가 있어야 하므로 전수하기가 어렵다. 강의 기회는 정말 개척하는 사람의 것이다. 강의 개척은 누군가에게는 기회고, 누군가에게는 포기의 이유다.

프로강사 양성과정, 성희롱예방 강사양성과정 등 다양한 강사양성과정이 끝나면 내가 수강생들에게 늘 하는 말이 있다.

"양성과정을 이수하고 자격증을 취득하면 끝이 아니라 시작입니다. 나를 찾아와 영업방법, 홍보방법을 눈으로 보며 배우십시오. 절대 귀찮게 여기지 않습니다. 여러분이 잘돼야 나도 잘됩니다. 그러니 찾아오세요."

그렇게 꼭 다시 찾아오라고 강조한 뒤, 수강생이 찾아오면 일정을 조율해 출장강의 때 동행하고 주최관계자의 허락을 받아 강의를 듣게 한다. 이때 강의 전 관계자에게 하는 말과 행동, 청중에 대한 사전정보를 얻는 방법, 분위기를 이끄는 방법, 피드백 점수를 높이는 방법 등 무엇을 보고 배워야 할지 미리 알려준다. 이로써 수강생들은 실제 강의를 나갔을 때 생기는 일을 시뮬레이션 해볼 수 있다.

그렇게 나와 동행해 시뮬레이션을 하고 난 뒤 내게 강의 의뢰가 들어오면 관계자의 양해를 얻어 나 대신 출장강의를 보낸다. 보내면서 서로 약속을 한다.

"관계자가 허락했으니 한 번은 강의할 수 있습니다. 하지만 두 번, 세 번 하는 건 강사님의 몫입니다. 그러니 철저히 준비하고 강의하세요."

처음에는 겁을 내지만 생각보다 많은 강사들이 두 번 이상 러브콜을 받는다.

이 이야기를 하면 많은 사람들이 의문을 가진다. 내게 의뢰한 강의를 가져가는 것인데 괜찮으냐는 것이다. 물론 그것도 일리 있는 말이다. 그런데 당장은 내 수입을 뺏기는 것으로 보이지만 나는 양성과정에 집중할 수 있고, 내 과정을 들은 강사들이 안착하면 내 과정의 프리미엄은 자동으로 상승하게 돼 있다.

꼭 다시 나를 찾아오라고 강조하고 강의 동행, 강의 연결도 해주지만 나를 다시 안 찾는다고 해도 어쩔 수 없다. 10년 넘게 강의를 다니고 강사를 양성하다보니 어느새 안목이 꽤 생겼다. 나는 수업 듣는 자세를 보고 다시 찾아올 사람인지, 여기서 인연이 끝날 사람인지 판단한다. 편견일 수도 있다는 생각에 판단하지 않으려 노력하지만, 예상은 대부분 적중한다. 아마도 경험이 쌓이면서 점차 그 사람이 뿜어내는 열정과 절박감의 차이가 보이기 시작한 것 같다.

프리 선언을 하고 지역학교 보건교사에게 전화를 걸었다. 전화로 문전박대를 예상했지만, 의외로 내 이야기를 잘 들어주고는 프로필을 이메일로 보내달라고 했다. 며칠간 공들여 만든 프로필을 보내면 강의가 들어왔다. 먼저 알아주는 사람이 없듯 강의 기회도 먼저 주어지지 않는다. 전화도 걸고 이메일도 보내야 한다.

경북의 한 초등학교 선생님이 내 블로그를 보고 강의 의뢰를 한 적이 있다. 타 지역에서 나를 부르는 게 미안한지 "적은 금액이라……" 하며 말끝을 흐렸다. 나는 "금액보다는 찾아준 정성에 보답하겠습니다" 하고 대답했다.

강의 날에는 새벽에 일어나 경북으로 향했다. 강의는 대만족이었고, 담당자도 흡족한 표정을 지었다. 며칠 후 전화가 왔다. 그 담당자가 경북지역 교사들에게 내 프로필과 함께 별도의 추천서까지 보냈다고 했다. 그 덕분에 그해에는 경북에 강의를 많이 갔다.

강의 기회는 이렇게 온다. 나 말고도 많은 강사들이 이런 식으로 기회를 얻는다. 그러므로 일정 수준에 도달하기 전까지는 본전 생각을 내려놓는 게 좋다.

'사지사지귀신통思之思之鬼神通'이라는 말이 있다. '생각하고 또 생각하면 귀신이 통해서 답을 구한다'는 뜻이다. 고가의 교육과정을 듣고 콘텐츠도 자신 있었지만 강의 의뢰가 들어오지 않을 때 나는 이 말을 곱씹었다. 어떻게 하면 유명하지도 않고 예쁘지도 않는 내게 강의 의뢰가 들어올까 매일매일 생각했다. 그때 했던 고민들이 영업의 정답이라 말할 수는 없지만 확실히 도움이 되었다.

다음은 러브콜을 받는 양성과정 이수자들에게 공통으로 나타나는 특징이다.

첫째, 강사가 있는 곳으로 간다.

나는 강의 관련 자격증 및 수료증이 70개가 넘는다. 내 주 특기 강의나 브랜드에 필요한 자격증 몇 개를 빼면 사실 대부분 필요가 없다. 하지만 강사가 있는 곳으로 찾아가 수업을 듣다보니 어느새 70개가 넘었다. 강사가 되고 싶다면 당연히 강사가 있는 곳으로 가야 한다. 그곳에 명함도 뿌리고 최신정보도 교환하며 개척해야 한다.

둘째, 교육기관에 존재를 알린다.

소통강사로 유명한 김창옥 교수도 스피치학원 원장을 졸라 첫 강의를 했다. 그는 학교 졸업 후 주변 스피치학원을 찾아가 딱 20분만 강의하게 해달라고 사정한다. 다행히 원장이 모험으로 생각하고 이를 허락한다. 첫 강의의 중요성을 알았는지 김 교수는 20분 동안 청중을 완전히 사로잡는다. 이를 계기로 스피치학원 원장이 김창옥 교수를 파트너 강사로 채용해 강의에 입문하게 됐다.

주변에 교육기관이 있을 것이다. 교육기관은 나라는 존재를 모르니 내가 나를 홍보하는 수밖에 없다. 교육기관을 방문하고, 이메일로 이력서를 보내라. 그래야 내 존재를 알릴 수 있고, 첫 강의가 주어지면 철두철미하게 준비해 러브콜을 받아낼 수 있다.

셋째, 기본이 배어 있다.

강사라는 직업 특성상 주목을 받고, 여러 사람의 평가에서 자유로울 수 없다. 즉, 보는 눈이 많고 강사로서 갖춰야 할 기본자질을 항상 평가받는다. 또한 CS 강의를 하면서 명함교환 예절을 모른다거나 텔레커뮤니케이션 강의를 하면서 전화예절을 실천하지 않으면 평판은 순식간에 무너진다.

보는 눈이 많다는 것은 피곤한 일이지만 프로로서 당연히 치러야 할 대가라고 생각한다. 기교는 기본이 갖춰진 상태에서 빛을 발휘하는 법이다. 기교로 영업하기 이전에 프로강사로서 기본이 몸에 배어 있는지부터 고민해보자.

신용준 대표는 《자녀를 위한 7가지 부의 법칙》, 《인간관계가 답이다》의 저자이자 기업전문 HRD기업인 에듀콤의 대표다. 기업전문 HRD 강사의 경우 대기업에서 사내 강사를 하다가 전환하는 경우가 많은데, 신용준 대표는 보험영업팀 출신이다. 처음 강사를 선언했을 때는 아무도 그를 찾지 않았다. 그는 강의 포트폴리오를 만들어 발로 뛰며 지역교육 기업들을 찾아갔다. 문전박대를 예상하면서도 강의 기회를 개척하고 나선 것이다. 예상대로 경험도 없는 그를 반기는 곳은 없었다. 하지만 포기하지 않고 문을 두드렸고, 수십 번의 거절 끝에 '청소년 경제교육을 강의할 수 있느냐'는 첫 의뢰가 들어왔다. 그것이 시작이었다.

신용준 대표의 첫 강의 이야기를 들어보면 누구의 도움 없이 강의를 개척한 노력이 돋보인다. 이런 밑바탕이 있었기에 우후죽순처럼 생겼다 없어지는 기업전문 HRD기업의 세계에서 그는 여전히 바쁜 나날을 보내고 있다.

강사양성과정에서 영업을 지원해줄 수는 있지만, 영업을 하고 개척하는 것은 결국 자기 몫이다. 지금은 팔아야 하는 시대다. 물건이 좋으면 똑같이 복사해서 파는 경쟁자가 생긴다. 결국 파는 문제는 기업이나 강사나 똑같이 고민하고 해결해야 한다. 답은 개척뿐이다.

성공의 커리큘럼이 존재하지 않듯 강사의 영업비법 커리큘럼도 존재하지 않는다. 누구는 화려한 언변으로 영업에 성공하고, 누구는 인센티브를 가지고 영업에 성공한다. 또 누구는 마음에 감동을 주어 영업에 성공한다. 각자에게 맞는 영업비법이 있다. 중요한 건 그것을 파악하고 개척해야 한다는 것이다.

프로강사 솔루션

Q. 첫 강의로 연결되기까지 핵심 영업능력은 무엇입니까?

A. 대부분 첫 강의는 선배 강사나 동료 강사의 소개를 통해 이루어집니다. 강사모임에 적극 참여하는 것은 물론 궂은일을 도맡는 것이 좋습니다. 궂은일을 혼자 하면 억울한 생각이 들기도 하겠지만, 분명 누군가는 보고 있습니다. 성실하고 헌신적인 모습이 강의로 연결된다는 사실을 기억하세요.

Q. 강사에게 강의평가점수는 많은 영향을 줍니다. 높은 점수를 받는 방법이 있을까요?

A. 먼저 이 말을 기억하세요. "사람 위에 사람 없고, 사람 밑에 사람 없다." 즉, 누구나 다 같은 사람이라는 점입니다. 다시 풀어보면, 반드시 겸손해야 합니다. 직업이 무엇이든 학력이 높든 낮든 청중은 똑같다는 것입니다. 종종 자신이 강사라는 걸 뽐내는 사람이 있는데, 겸손을 잊어서는 안 됩니다.

높은 점수를 받으려면 일단 높은 수준의 강의를 보여주면 됩니다. 그리고 약간의 소스도 넣어주면 좋습니다. 저는 작은 핸드크

림을 선물로 줍니다. 주는 저도 받는 상대도 부담이 없어 좋은 선물이지요. 선물을 줄 때도 그냥 주는 것이 아니라 특별한 의미를 부여하면 점수가 더 높게 나올 것입니다.

3장

평생 현역,
프로강사
시작하기

15

자신과의 소통이 먼저다

강사는 소통으로 살아가는 직업이다. 수많은 소통 대상 중 가장 먼저 소통해야 하는 사람이 바로 자기 자신이다. 자신과 소통하지 못하면서 다른 사람과 소통한다는 것은 어불성설이다. 지금 강사로 자리 잡은 강사들은 모두 자신과 소통하는 시간을 가졌다는 사실을 알아야 한다.

《노는 만큼 성공한다》,《에디톨로지》등의 저자로 대한민국 놀이문화의 문제점을 지적하는 여러가지문제연구소 김정운 소장. 지금은 연예인 대접을 받는 스타 강사인 그에게도 치열했던 자기 소통의 시간이 있었다.

1980년대 말 연고도 없는 독일에서 유학하며 그는 자신과 소통하는 시간을 가졌다. 수업이 끝나면 집에 돌아와 간단히 저녁을 먹고 혼자만의 시간을 보냈다. 유학을 떠나기 전 우리나라 대학에서는 모든 일에 앞장설 만큼 나서기를 좋아했는데, 독일에서는 말도 통하지 않고 또 저녁이면 모두 집에 가니 놀아줄 사람도 없었다. 그래서 강제 아닌 강제로 자신과 오랜 소통의 시간을 가졌는데, 바로 이때 놀이문화의 중요성을 깨닫고 해야 할 일도 정했다고 한다.

소통전문가로 통하는 김창옥 대표 역시 자신과의 소통 끝에 강사의 시작점이 된 성악과에 진학할 수 있었다. 해병대에서 군생활을 할 때 고된 훈련과 일과를 끝내면 20년 후의 자신과 상상 속 대화를 나누었다고 한다. 그 대화를 통해 얻은 결론은 "후회 없이 인생을 살아가자"였다.

김정운 소장, 김창옥 대표 외에 많은 강사들은 모두 자신과 소통하는 시간을 가졌다. 그들은 이 시간을 통해 자신의 정체성을 확립하고 무엇을 나누며, 강의할지 결정했다는 공통점이 있다. 그래서 강사가 되기 위해서는 무엇보다 자신과의 소통이 중요하다.

강사들은 물론 일반인들도 자신과의 소통을 중요하게 생각한다. 그러면서도 많은 사람들은 자신과 소통하는 것을 어려워하고, 특히 어떤 방식으로 소통하는지에 대해 궁금해한다.

먼저 자신과 소통하는 일에 대해 알아보자.

일찍이 고대 인도인들은 질병과 가난, 아픔 등의 스트레스를 견뎌내는 방법을 외부에서 찾지 않았으며, 스스로 자신의 몸을 수행하고 깨닫고 이기는 자아ego를 일찍 터득했다고 한다. 자기 자신에 대한 의식이나 관념을 통제함으로써 부정적인 생각을 긍정적인 생각으로 전환시켰다. 마치 '이러한 과정이 더 좋은 결과를 만들어낸다'는 식으로 자기 마음을 통제한 것이다. 이러한 것들이 점차 진화해 명상冥想이 탄생했다.

자신과 소통하려면 명상을 해야 한다. 여기서 명상은 우리가 통상적으로 알고 있는, 가부좌자세를 하고 심원한 모양을 생각하는 그 명상을 말하는 게 아니다. 강사는 먼저 자신과 대화하면서 내면에 있는 상처를 정면으로 마주해 스스로 치료해야 한다. 강사는 정보전달자이면서 동기부여를 하는 사람이다. 그런데 자신과 마주하지 않으면 단순히 정보전달자에 그칠 뿐이다.

인기 있는 강사는 청중과 쉽게 공감한다. 쉽게 공감하려면 자기 공개가 전제돼야 하는데, 자신과 소통하지 않는 강사들은 자기 공개를 하기 어렵다. 다른 사람 앞에서 자기 공개를 부끄러워하는 것은 물론 자신과 조우하지 못하기 때문에 스스로도 부끄럽다. 이 부끄러운 시간이 지속될수록 자신 및 다른 사람과 소통하는 일이 힘들어진다.

자신과 소통하는 방법 중 가장 좋은 방법은 스스로 고립하는 것이다. 외부와 잠시 단절하고 자신과 대화할 시간을 가져야 한다. 나는 이 시간을 어떻게든 만들라고 조언한다. 이는 강의 콘텐츠의 정체성을 확립하고 자기 철학을 세울 수 있는 유일한 시간이기 때문에 중요하다.

나를 가장 잘 아는 사람은 누구일까?

세상을 살아가면서 한 번쯤 생각해본 질문일 것이다. 물론 자기 자신을 아는 사람은 친한 친구, 이성 친구, 가족 등으로 답변을 할 것이다. 하지만 진실한 나를 아는 사람은 오직 나밖에 없다는 것을 인지해야 한다.

이 말을 좀 더 심층적으로 풀이해보자. 여기 열심히 직장생활을 하는 한 남자가 있다. 그는 다른 사람들이 보기에는 열심히 일하고 있고, 주변 지인들과 이야기할 때도 자신의 일에 만족한다고 말한다. 하지만 겉으로는 괜찮아 보여도 그의 속마음은 밖으로 표현되는 것과 다를 수 있다. 아무도 모르는 자신만의 생각은 오직 그만이 알 수 있는 것이다.

마이크임팩트 대표이자 강사인 한동헌 대표. 그 또한 주변에서 많은 기대를 받으며 괜찮은 직장생활을 했다. 하지만 끝내 직장을 그만두고 자신이 원하는 일, 즉 가슴 뛰는 일을 하기로 마음먹고 마이크임팩트를 만들었다. 진실성 있게 자신에게 접근한 것이다.

강사양성과정을 운영하다보면 스스로 왜 강사를 하고 싶은지 모르는 사람이 있다. 이는 위험하고 위태로운 상태다. 강의를 하다보면 뜻대로 되지 않는 일이 있다. 정확히 말하면, 뜻대로 되는 일보다 뜻대로 되지 않는 일이 훨씬 많다. 이때 자신이 왜 강사를 해야 하는지 생각이 확립되지 않은 사람은 쉽게 포기해버린다.

왜 강사가 되어야 하는지는 자신과의 소통으로 확립된다. 이것을 정체성이라 한다. 정체성은 청소년기에만 만드는 것이 아니라 강사를 시작하려 할 때도 만들어야 한다. 또한 누가 대신 만들어주는 것이 아니기에 스스로 고립을 두려워하면 안 된다.

신화든 영웅담이든 위대한 사람들이 공통으로 보이는 특징이 있다. 바로 자기정화의 시간이다. 대중에게서 빠져나와 자신과 소통하는 시간을 가진 것이다. 모세는 홀로 이집트를 떠나 미디안 광야에서 하느님의 소명을 받았고, 석가는 사문유관상四門遊觀相을 보고 출가 후 해탈했다. 무함마드는 세속적인

생활을 떠나 히라산 동굴에서 명상하며 알라신의 계시를 받았다. 이렇듯 스스로 고립한 뒤 소통하는 문제를 어떤 시선으로 바라보느냐에 따라 결과가 달라진다.

혼자 있는 시간에 스스로에게 끊임없이 질문하자. 강의하려는 콘텐츠의 정체성은 무엇인지, 내 이야기가 누구에게 도움이 될지, 콘텐츠에 대해 당당히 말할 권리는 있는지……. 바로 이런 고민들이 흔들리지 않는 뿌리를 만들어주는 법이다.

직업을 정하는 일은 한 개인에게 엄청난 사건이다. 직업에 따라 자신은 물론 가족, 사회에 영향력을 행사할 수 있다. 더욱이 강사는 많은 사람에게 영향을 주는 직업이다. 그러므로 정체성을 확립할 필요가 있다.

자신의 민낯과 마주하는 것을 두려워하지 말자. 민낯을 당당히 바라보는 것이 자신과의 소통의 시작이고 프로강사로 가는 첫걸음이다. 당당히 자신과 소통하자.

16

자신을 설득해야 포기하지 않는다

우리는 흔히 마지막에 몰릴 때 '막장'이라는 단어를 쓴다. 막장드라마, 막장인생 같은 용어를 보면 부정적 의미가 담겨 있다는 것을 알 수 있다. 그런데 우리가 생각하는 것과는 달리 막장은 광산의 끝부분을 지칭하는 단어다.

대한석탄공사 사장을 지낸 조관일 창의경영연구소 대표는 막장에 가면 고요하고 차분해지며, 어려워도 앞으로 나가야겠다는 의지가 생긴다고 말한다. '막장은 서서히 개척해야 하는 곳'이라는 그의 말이 가슴에 와 닿는다.

이 책을 읽고 있는 당신은 평생 현역이자 나눔의 삶을 실천하는 강사를 꿈꾸고 있거나 지금 강사를 하고 있을 것이다.

처음에는 고요하고 차분한 마음으로 강사라는 꿈을 설정했을 것이다. 그리고 남은 것은 프로강사로 가는 길을 서서히 개척하는 실천뿐이다. 실천의 중요성은 누구나 알고 있으며, 실천은 자신과의 소통에서 시작된다.

강사 상담을 할 때 어려운 유형이 있는데, 바로 어떤 주제로 강의할지 모르는 사람들이다. 이런 사람들은 상담하기가 어렵다. 과거에 비해 강의주제가 다양화하면서 강사에게는 선택사항이 많아졌지만 한편으로는 더 혼란이 생겼다. 바로 선택 스트레스다.

어떤 주제로 강의할지 모르는 사람은 아무리 열심히 상담해도 한계가 있다. 상담할 때는 설득돼 행동하려 하다가도 돌아서면 마음이 달라지기 때문이다. 하기는 그것도 이해가 간다. 내가 추천한 것이지 자신이 선택한 것은 아니기 때문이다.

지금은 강의주제가 다양하다 못해 홍수처럼 쏟아지고 있다. 선택이 어렵다고 해서 모든 강의를 마스터해 어떤 주제라도 강의를 나가는 것은 바람직하지 않다. 그럴 경우 만능강사가 아니라 개성 없는 그저 그런 강사에 머무를 수밖에 없기 때문이다. 강의주제의 홍수 속에서도 자신의 핵심 강의주제를 찾아야 한다. 이를 위해서는 자신이 선택한 강의에 대해 먼저 자신을 설득해야 한다.

아나운서 세계에서 전무후무한 기록을 세운 백지연 아나운서. 여대생들이 '가장 닮고 싶은 여성' 1위로 선정하기도 했던 그녀는 《자기설득 파워》에서 자신과 소통하고 설득하는 일이 얼마나 중요한지에 대해 설명하고 있다.

> 당신이 스스로를 설득하는 데 성공만 했더라도, 당신은 당신이 하지 못한 일들 대부분을 해냈을 것이며, 그만큼 당신의 인생도 성공과 행복에 가까워졌을 것이다.
>
> * * *
>
> 자기설득이라는 방법이 힘겹게 느껴진다면 먼저 오늘 하루만 다르게 살아야지라고 결심해보자. 그렇게 하루만 자기설득을 통해 살 수 있다면, 그 하루가 모여 당신의 삶이 조금씩 변화되기 시작할 것이다.

백지연 씨의 이야기처럼 우리가 자기설득에 성공한다면 100%는 아니더라도 원하는 인생에 가깝게 살 수 있지 않을까 생각한다. 수많은 강의주제 중 주특기가 될 만한 강의주제를 선정해야 하며, 이때 자기설득이 안 되면 뒤를 이을 실천력을 얻지 못한다.

쉽게 말해서 "내가 왜 청중 앞에서 이 주제로 말해야 하는

가" 하는 목적 자체가 없으면 시간이 흐름에 따라 지구력이 떨어지게 돼 있다. 목적을 설정하기 위해서는 자신을 청중으로 생각해볼 필요가 있다. 자신이 청중이기 때문에 서슴 없이 진실로 다가갈 수 있고, 자신을 설득하지 못하면 당연히 청중도 설득하지 못할 것이다.

자기설득을 이야기하려니 김상철(가명) 강사가 떠오른다. 그의 핵심 강의주제는 웃음이다. 그의 과거를 들어보면 웃음과는 너무나 먼 삶을 살았다. 불우한 가정환경, 중학교 담임 선생님의 일방적 구타 등으로 일찍이 사회에 대한 미움이 싹텄다. 이 상처를 극복하는 유일한 방법은 돈이라 생각해 어린나이에 의류사업에 뛰어들었지만, 무경험자가 벌인 사업의 결과는 뻔했다. 그는 1년도 안 돼 가게문을 닫아야 했다. 군에서 전역한 후 금연보조제, 임대업, 스티커사진기 대여업, 호프집 등 그 당시 유행하는 사업을 찾아 뛰어들었지만, 돈 버는 사람은 따로 있고 그는 늘 들러리 신세였다.

40대가 되자 심각한 우울증이 찾아왔다. 친구들은 자리 잡고 행복한 가정을 꾸리고 사는데, 그에게 남은 것은 이혼 경력과 빚뿐이었다. 어느 날, 평균수명 80세 시대에 이제 막 인생의 터닝 포인트를 돌았으니 남은 인생이라도 재미있게 살고 싶다는 꿈이 생겼다. 그 당시에는 웃음치료사 열풍이 전국에 불고 있었다. 그래서 도전해봤지만 가면을 쓴 채 〈텔 미〉 춤을 추고 아슬아슬한 농담을 하기에는 그가 살아온 문화가 너무 달랐다.

포기하고 싶었지만, 이번에도 포기한다면 결국 포기로 얼룩진 인생이 될 거라고 자신을 설득했다. 춤과 농담은 자신과 어울리지 않지만, 사업 실패와 인생 터닝 포인트를 조합하면 진솔한 웃음강의를 할 수 있을 것이라는 자기설득이었다.

김상철 강사는 산전수전 다 겪은 어르신들 앞에서 처음 강의를 시작했다. 그의 강의를 들은 할머니, 할아버지들은 열심히 살라고 응원을 보내주었다. 그는 나이 40에 처음으로 진실한 응원을 받았다고 한다.

열심히 노력한 결과 그는 웃음과 진정성이 담긴 웃음강의로 지역에선 유명세를 떨치고 있다. 그는 강의를 시작할 때 "사업은 마이너스의 손, 웃음에는 마이더스의 손"이라고 자신을 소개한다고 한다.

'돈 돈 돈' 하는 인생에 매달리지 않고 즐겁게 살고 싶다, 끝까지 가보겠다는 자기설득이 있었기에 김상철 강사는 지금의 자리에 설 수 있었을 것이다. 또한 자기설득을 통한 진정성이 있었기 때문에 단순히 웃고 끝나는 강의가 아니라 깊이 있는 강의도 완성되었다고 생각한다.

말을 물가로 데려갈 수는 있어도 물을 먹일 수는 없다. 물을 먹는 선택은 말의 몫이다. 우리나라에는 강의주제가 다양하고, 무엇을 선택하든 분명 배울 수 있는 곳이 있다. 만약 없다면 스스로 1호 강사가 되어 가르치면 된다. 중요한 점은 자기설득을 통해 그것을 배우고 강의해야만 한다는 것이다.

자기설득에 능한 사람은 가장 먼저 자기설득 관점을 바꾼다. 우리는 일반적으로 "일찍 일어나지 못했으니 내일부터 일찍 일어나야지", "금연에 계속 실패했으니 올해는 성공해야지" 등 실패의 경험으로 자기설득에 들어간다. 그런데 자기설득에 능한 사람은 미래 지향적이며 목표 중심적이다. 과거를 개입시키지 않고 현재와 미래에 초점을 맞춘다. 자신에게 맞는 강의주제를 찾고 배움과 실천을 포기하지 않으려면 목표에 중심을 둬야 한다. 이를테면 CS 강사가 되고 싶다면 CS 강사로서 미래의 모습과 청중에게 어떤 도움을 줄 수 있는지에 초점을 맞춰야 한다.

또한 자기설득에 능한 사람들은 대가를 당연하게 받아들인다. 상담을 할 때 가장 답답한 사람은 끊임없이 핑계를 찾는 사람이다. 핑계가 꽤 논리적이어서 설득 자체가 불가능한 사람도 있다. 그들의 공통점은 대가를 치르기 싫어한다는 점이다.

"선생님, 부끄러움이 많아 무대가 겁나요."

"서울밖에 교육과정이 없는데 서울까지 언제 올라가죠?"

모두 핑계를 찾는 데 능통하다. 이에 반해 자기설득에 능한 사람은 대가를 당연하게 여기고, 힘들 때는 당연히 대가를 치러야 한다고 자신을 설득한다. 그렇기 때문에 힘들어도 포기하지 않는다.

자신을 설득하는 사람은 누구보다 강한 설득력을 지니며, 그 힘은 고스란히 청중에게 전달된다. 프로강사로서 얼마나 자신을 설득하고 있는지 자문해보자. 질문이 치열하면 치열할수록 뿌리 깊은 답변이 나온다. 이 뿌리 깊은 답변에 자신을 설득하는 진정성이 담기는 것은 물론이다. 바로 이것이 청중의 감동과 행동변화를 이끌어낸다.

17

철저한 자기관리로
프로 이미지를 높여라

배우 겸 탤런트 공형진 씨가 방송에 나와 동료배우 장동건 씨의 철저한 자기관리에 대해 이야기한 적이 있다. 촬영이 끝나고 두 사람은 동료들과 함께 늦은 시간까지 술을 마시고 헤어졌다. 공형진 씨는 술을 마신 데다 다음 날 특별한 일정도 없어 늦잠을 잤다고 한다. 느지막이 일어나 장동건 씨에게 전화를 걸었는데, 주변이 시끄러워 무엇을 하는지 물으니 당연하다는 듯 조깅 중이라고 말했다.

순간 공형진 씨는 머리에 뭔가를 맞은 것처럼 멍했다고 한다. 하루쯤 늦잠을 잘 만도 한데 예상을 깬 답변이었기 때문이다. 그리고 장동건 씨가 왜 대한민국 대표배우가 되었는지 알 수 있었다고 한다.

한류스타 권상우 씨도 장동건 씨 못지않게 자기관리를 철저히 하는 것으로 유명하다. 그는 한 방송국 프로그램에서 "날로 먹는 배우가 아니라는 것을 보여주고 싶다"면서 "지금도 연기학원에 다닌다"고 고백했다. 연기자가, 그것도 최고 자리에 오른 배우가 아직도 연기학원에 다닌다는 것은 어찌 보면 부끄러운 일이 될 수도 있다. 하지만 그는 "아직도 연기를 배우고 있다는 게 자존심이 상할 수도 있지만, 그것보다는 대충 하는 배우가 아니라 쉬지 않고 노력한다는 것을 보여주고 싶다"고 자기관리에 철저한 프로의 모습을 보여주었다.

두 배우를 보면 수명이 짧은 연예계에서 오랫동안 살아남을 수 있었던 것도 철저한 자기관리 때문이라는 생각이 든다. 철저한 자기관리가 연예인에게만 필요한 것은 물론 아니다. 성공한 CEO, 대기업 임원, 어느 정도의 지위에 오른 우리 주변의 사람들은 모두 철저한 자기관리로 지금의 자리에 우뚝 섰다. 강사라고 다를 리 없다. 철저한 자기관리가 있어야 잠시 반짝이다 사라지는 강사가 아니라 롱런하는 강사가 될 수 있다.

한 분야에서 일가一家를 이룬 사람들의 이야기를 들어보면 놀랄 때가 많다. 한 분야를 완벽하게 이해하는 것도 힘든데,

후학을 양성하고 자신만의 프로세스와 철학이 더해져야만 탄생하는 일가를 이룬 사람은 프로 중의 프로라 할 수 있다. 강사를 비롯한 직업인이 추구해야 하는 경지가 바로 일가를 이루는 것이 아닌가 생각한다. 일가를 이루는 시작점은 바로 철저한 자기관리다. 롱런하는 강사들을 보면 한결같이 철저한 자기관리가 몸에 밴 사람들이다.

자기관리는 자기통제를 전제로 한다. 자기통제는 장기적 보상을 얻기 위해 현재의 감정, 행동, 욕망을 통제하고 단기적 쾌락과 만족을 미루는 능력이라 할 수 있다. 사람들은 보통 2세 때부터 자신을 통제하는 방법을 서서히 익혀 나간다.

호아킴 데 포사다의 스테디셀러《마시멜로 이야기》에 나오는 다음 글은 자기통제의 교훈을 준다.

내일의 행복을 위해 오늘 나는 무엇을 해야 하는가?

《마시멜로 이야기》는 스탠포드 대학의 심리학자 미셸 박사의 실험으로 세상에 알려졌다. 1966년 653명의 4세 아이들을 대상으로 눈앞에 있는 마시멜로의 유혹을 참으면 더 좋은 보상을 주겠다고 하고 먹지 않고 견디는지 관찰했다. 그리고 15년 뒤 유혹을 참았던 아이들을 다시 만났다. 이 아이들은 가정이나 학교 등 삶 전반에서 유혹을 참지 못한 아이들보다 훨씬 우수한 모습을 보였다. 이 실험을 바탕으로 해서 작가의 상상력이 더해진 《마시멜로 이야기》가 탄생했다.

지금 참으면 미래에 더 좋은 일이 생기리라는 것을 알아도 많은 사람들은 그것을 참아내지 못한다. 세상이 점점 더 각박해지면서 오늘의 쾌락만을 선택해 살아가는 사람도 많아지고 있다. 미래를 위해 오늘을 희생하는 것은 어리석은 일이지만, 오늘의 행복이 아니라 당장의 쾌락을 선택하는 것도 문제다.

당장의 쾌락을 위해 늦게까지 술을 먹는 사람이 있다. 다음 날 출근했을 때 와이셔츠에 전날 먹은 김칫국 얼룩이 남아 있고 입에선 술 냄새를 풍긴다면 어떨까. 그런 사람에게 매력을 느끼는 사람은 없을 것이고, 같이 일하기를 싫어하는 것도 당연하다.

나는 이미지 관리를 위해 더우나 추우나 정장을 입고 다닌다. 불편하지 않으냐고 묻는 사람도 있는데, 때에 따라 불편하긴 해도 무조건 정장을 입는다. 이것은 스스로 프로강사임을 잊지 않으려는 내 나름의 의식이다.

내가 불편을 감수하고 정장을 입게 된 데는 계기가 있었다. 사회복지사 취득을 위해 대학교에 다닐 때였다. 나는 강의를 마치고 와서 정장을 입고 수업에 들어가곤 했는데, 그런 기간이 꽤 길었나보다. 어느 날은 강의가 없어 편안한 복장으로 수업을 들으러 갔는데, 동기들이 평소와 다른 눈초리로 나를 바라보는 게 느껴졌다.

그때 같이 수업을 듣던 지인 강사가 말했다.

"우리처럼 나를 어필하는 직업은 평소 모습도 어필해야 해."

옷차림이 문제라는 것을 우회적으로 표현한 것이다. 그 말을 듣고 망치로 맞은 듯 멍했다. 그 짧은 한마디는 프로강사로서 나를 긴장시키기에 충분했다.

그즈음 비슷한 일이 또 있었다. 평일 저녁 가까운 대형마트에 갔다가 나에게 이미지컨설팅을 받은 수강생과 마주친 것이다. 수강생은 내가 컨설팅한 이미지 그대로 옷을 입고 있었고 나는 편한 옷차림이었다. 우리는 반갑게 인사하고 헤어졌다. 수강생은 아무렇지 않았지만 나는 스스로 용납할 수가 없었다. 그때부터 나는 지금까지 정장을 입고 있다. 힘들어도 프로이기에 해야 하는 이미지 관리다.

프로 이미지를 위해서 철저한 자기관리 상태를 점검해보자.

첫째, 강의 분야에 대한 전문성을 스스로 점검해야 한다.

청중 앞에 선다는 것은 전문성을 전제로 한다. 전문성이 꼭 공인된 학벌이나 자격증만 말하는 것은 아니다. 스스로 강의 분야를 말할 자격이 있는지 돌아보라는 것인데, 돌아보는 방법이 전문성 점검이다.

  강의를 할 때마다 매번 느끼는 점은 청중 안에 고수가 숨어 있다는 사실이다. 고수 앞에서도 당당할 만큼 전문성을 갖추려면 철저한 자기관리가 기본 중의 기본이다.

둘째, 언행일치 여부를 점검해야 한다.

  청중 앞에서는 변화를 외치고 자기관리를 외치면서도 강의 내용은 5년 전 그대로인 강사가 있다. 최신 트렌드가 정답은 아니지만, 스스로 변화하지 않으면서 청중에게 변화를 외친다면 프로라 할 수 없다. 이에 대해《해동소학》은 '독처무자기獨處毋自欺', 즉 '혼자 있는 곳에서 자신을 속이지 말라'고 했다. 앞에서는 변화를 외치면서 혼자 있을 때 변화하지 않는다면 프로다운 모습이 아니다.

  사람에게는 관성이 존재한다. 관성은 원래의 위치로 다시 돌아가려는 성질을 말한다. 자기관리를 통해 새로운 모습으로 변화하는 것이 쉬운 일은 아니다. 자기 변화에 성공한 사람이 변화 스토리를 가지고 강의하는 이유도 어려운 일에 성공했기 때문이다. 관성에서 벗어나기 위해 자기관리에 집중해보자. 어느 정도 시간이 지나면 관성에서 벗어나 철저한 자기관리가 일상이 될 수 있다.

 강의는 강사가 그것을 말할 자격을 갖췄을 때 청중에게 감동을 주고 공감을 불러일으킨다. 말할 자격이 얼마나 있는지 자문해보자. 그 자격을 갖추기 위해 철저한 자기관리로 프로 이미지를 구축하자. 한번 만들어진 강한 이미지는 청중에게 깊이 각인될 것이다.

18

강사양성과정 이후가 더 중요하다

프로강사는 강사양성과정을 시작으로 체계적인 교육을 받게 된다. 강사양성과정이 끝났다고 해서 프로강사가 되는 것은 아니다. 공식적으로 입문한 것뿐이다. 프로강사로 입문하고 나서는, 이제 팔아야 한다.

팔려면 영업기술이 있어야 한다. 강사양성과정을 마친 사람은 '강사 영업사원'이라고 생각할 수 있다. 검증되지 않은 나를 불러주는 곳이 없는 것은 자연스러운 일이다. 그러니 스스로 홍보하고 팔아야 한다. 일정 교육을 마치면 자신을 어떻게 팔지 고민하고 연구해야 한다. 그것이 강사양성과정 이후에 할 일이다.

지금 어느 직장인보다 괜찮은 연봉을 받고 있는 K강사가 있다. 과정수료 후에는 대부분의 수강생들이 한두 번 연락하다가 한 달쯤 지나면 연락이 거의 끊기는데, K강사는 달랐다. 한 달, 두 달이 지나도 계속 연락을 해왔다. PPT 샘플 좀 점검해 달라는 둥 강의대본을 검토해달라는 둥 자신이 운전할 테니 강의 장소에 같이 가달라는 둥 다양한 요청이 6개월 가까이 이어졌다.

처음에는 열정이 강한 사람이라 생각했는데, 나중에는 성공할 사람이라는 느낌이 왔다.

어느 날, 일정이 겹쳐 K강사에게 주강의가 아닌 내용으로 강의를 부탁했다. 그녀는 흔쾌히 수락했다. 얼마 뒤 내가 연결해준 곳에서 연락이 왔는데, 어디서 그런 강사를 구했냐며 입에 침이 마르게 칭찬을 했다. 알고보니 K강사는 1시간 강의를 위해 3일 동안 두문불출하고 준비했다고 한다.

모든 일이 그렇지만 타고난 천재가 아닌 이상 성공을 결정하는 것은 열정이다. K강사는 강사양성과정 이후 꾸준히 나와 연락하며 자기 나름대로 노력했기 때문에 높은 연봉을 받는 강사가 될 수 있었다.

《손자병법》에는 '선승구전先勝求戰'이라는 말이 나온다. '전쟁에 임하기 전 미리 승리를 구하라'는 뜻이다. 강사양성과정

수업을 듣기로 했다면 강사로 나가고 싶다는 생각일 것이다. 이때 선승구전의 자세가 필요하다. 강사양성과정 이후를 고민해야 한다. 자격증 하나 더 추가하는 데서 끝나는 것이 아니라 이후의 모습을 고민하고 계획하는 사람이 프로강사로 안착할 수 있는 것이다.

프로강사 양성과정을 하면서 전업으로 자리 잡은 프로강사들을 보면 특징이 있다. 나 역시 먼저 그 방법을 선택, 활용했기 때문에 프로강사로 자리 잡을 수 있었다고 생각한다.

첫째, 명함의 진실을 알아야 한다.

강사양성과정이 끝나면 새로운 이름을 얻을 수 있다. 즉, 누군가와 당당히 교환할 명함을 가질 수 있다. 명함은 단순히 개인정보를 기록한 것이 아니라 개인의 얼굴이자 자부심이다. 상대가 명함을 당당히 건넨다면 명함 안에 담긴 자신에게 자부심을 느낀다는 뜻이다.

나는 명함을 받으면 하루가 지나기 전에 연락하라고 조언한다. 이것이 나를 기억시키는 방법이다. 비즈니스 매너지만 실천하는 사람은 많지 않다. 나 역시 내 명함을 받고 연락하는 사람을 특별히 생각한다.

둘째, 본전 생각에서 자유로워야 한다.

직장을 다니며 토요 프로그램 교사로 시작해 지금은 기업체 강사로 바쁜 나날을 보내는 억대 연봉의 Y강사가 있다. 직장을 다니면서 가능한 시간에 무료 강의를 나갔는데, 그 기간이 무려 5년이나 되었다. 그래서 주변 사람들은 그를 돌부처라 불렀다. 그런 정성 덕분에 강사양성과정을 맡았던 아카데미 원장은 그를 아끼고 많은 정보도 주었다. 그는 실력은 기본이고 평판도 좋았기 때문에 직장을 그만두고 난 뒤 프로강사로 무리 없이 전환해 바쁘게 생활하고 있다.

만약 본전 생각을 했다면 5년이라는 기간 동안 어떻게 무료 강의를 나갔겠는가. Y강사는 강사양성과정 이후를 생각했던 것 같다. 강사양성과정이 끝이 아니라 하나의 과정임을 알고 이후를 준비했던 것이다. 본전을 생각하면 아쉽겠지만, 프로강사가 되려면 일정한 시간과 비용은 당연히 들어가게 돼 있다. 그러니 강사양성과정 이후에는 본전 생각을 내려놓고 현장에서 배우는 일에 더 집중하자.

셋째, 스스로 깊이를 더하고 홍보한다.

강사양성과정이 끝났다는 것은 공식적으로 그 일을 시작할 수 있다는 뜻일 뿐 아직 마스터했다고는 할 수 없다. 강사양성과정은 공식적으로 입문하게 해줄 뿐이고 깊이를 채우는 것은 각자의 몫이다. 양성과정기관에서 깊이를 채울 수 있도록 자료나 정보를 제공하면 각자가 알아서 공부를 해야 한다.

또한 양성과정기관에서 홍보해주는 데는 한계가 있다. 다음 기수가 들어오면 그 기수를 홍보해야 하기 때문이다. 그러므로 온라인이든 오프라인이든 모든 방법을 동원해 스스로 홍보방법을 찾아야 한다.

프로강사로 전환하는 데 성공한 사람들은 강사양성과정 이후를 중요하게 생각한 사람들이다. 그리고 남들과는 달리 더 깊이 공부하고 더 열심히 자신을 홍보했다. 그들에게는 남들과 다른 '그 무엇'이 있다. 그것은 강사양성기관이 제공할 수 없는 것이다. 더 고민하고 더 생각하는 사람만이 그것의 주인이 될 수 있다.

앞으로 더 많은 강사양성과정을 이수해야 할지 모른다. 강사양성과정을 시작할 때 이미 그 이후를 생각하고, 그 생각을 양성기관에 알려 적극적으로 도움을 요청해야 한다. 결국 더 멀리 생각하고 거기에 맞게 행동하는 사람이 프로강사로 안착할 수 있다.

19

독서하지 않는 강사는
청중을 기만하는 것이다

얼마 전 40대 라이프스타일에 대한 강의를 듣다가 강사님에게 크게 실망한 적이 있다. 바로 〈40살 솔개의 선택〉이라는 동영상 때문이었다. 8년 전에 유행했던 이 동영상의 내용은 이렇다. 40살 먹은 솔개가 살아남기 위해 높은 산에 올라가 무뎌진 부리를 깨고 털을 뽑으면, 100일 후 부리와 털이 다시 자라나 40년을 더 산다는 것이다. 강사님은 솔개처럼 40대에 삶의 변화가 중요하다고 강조하며 강의를 마무리했다.

그런데 여러 언론에 이미 소개되었듯 솔개는 그런 행동을 하지 않는다고 한다. 부리가 깨지면 다시 자라지 않고, 털갈이는 주기적으로 하는 행동일 뿐 수명과는 무관하다는 것이다. 물론 제작자의 상상력으로 만든 작품으로 40대에게 희망을 주는 내용이니 문제 될 것은 없다. 하지만 8년이 지났고 이미 많이 사용된 동영상이다. 그러니 업데이트가 필요한 시점이 아닐까.

지식의 최전선에서 활동하는 프로강사는 업데이트에 민감하다. 강사는 여기저기 흩어져 있는 최전선 지식을 습득해 전파하는 직업으로 볼 수 있다. 또한 지식 전파를 넘어 지식을 창조하는 역할도 해야 한다.

마케팅 강의로 유명한 하우석 교수는 《5년 후 내 인생》에서 5년 후를 고민하고 계획하며 실천하라는 메시지를 던진다. 성공하기 위해 필요한 시간을 5년으로 규정한 것은 하우석 교수가 창조한 그만의 지식이며 프로세스라 할 수 있다. 《5년 후 내 인생》에는 5년간 노력해 성공한 사람들의 수많은 사례가 나온다. 이 사례들을 모으고 정리해낸 하우석 교수의 독서력은 감탄스러울 정도다.

롱런하는 강사들은 손에서 책을 놓지 않는다. 청중이 바라는 지식은 빠르게 변하므로 독서하지 않고는 그에 대응하기 어렵다. TV, 인터넷, 동영상강의를 통해 최신 지식을 배울 수는 있지만, 이것은 어디까지나 책의 파생상품이다. 프로강사로 롱런하고 싶다면 이유를 불문하고 독서해야 한다. 프로강사에게 독서는 유희나 지적 쾌락의 용도를 넘어 생존과 직결된다. 그러므로 독서하지 않는 강사는 청중을 기만하는 것이라 말하고 싶다.

세상이 아무리 변해도 지식의 원천은 책이다. 지식의 원천을 외면한 채 파생상품이 주는 지식만 가지고는 뭔가 부족하다. 강사가 지식을 소비만 하는 것이 아니라 지식의 생산자라고 할 때 지식의 원천인 책을 가까이해야 함은 당연하다.

독서의 중요성은 모르는 사람이 없으니 새삼 이야기할 필요도 없다. 그런데 실천이 어렵다는 게 문제다. 나 역시 독서를 실천하는 게 쉽지 않다. 강사의 특성상 이동시간이 많아 강의가 많은 달에는 차분히 독서하기가 여간 어려운 게 아니다. 일정이 몰리는 달에는 시간을 내서 독서를 하는 게 신기하게 느껴질 정도다.

프로강사에게는 독서가 필수지만, 독서하기가 어려운 직업 또한 프로강사다. 하지만 반짝 등장했다가 사라지기 싫으면 독서할 방법을 찾아야만 한다. 그래서 나는 다양한 방법을 시도 중이다. 자동차로 이동할 때는 오디오북을 틀어놓고 듣고, 기차나 버스를 타면 가방이 무겁더라도 책을 들고 다닌다. 버스나 기차 안에서 책을 읽던 중 나도 모르게 잠들었다가 깨어나면 기분이 뭐라 표현할 수 없을 만큼 좋다. 그리고 기분 좋게 독서를 계속한다. 책을 읽다가 마음을 울리는 구절을 발견하면 다음 강의를 할 힘을 얻고, 강의를 하다가 임기응변이 필요할 때는 읽은 책 내용을 청중들에게 들려주며 자연스럽게 넘어간다.

이런 소소한 일 외에도 프로강사가 독서를 통해 얻을 수 있는 것은 많다.

첫째, 최신 트렌드를 파악할 수 있다.

한때 프로강사들 사이에서 '청춘'이라는 키워드가 유행했다. 그 시작은 김난도 교수의 《아프니까 청춘이다》라는 책이었다. 이 책을 시작으로 출판계에 청춘 키워드 바람이 불었고, 그 후 방송과 인터넷에서도 붐이 일었다. 말하자면 최신 트렌드를 책이 먼저 내놓은 것이다.

이와 비슷한 사례는 많다. 건강, 음식, 웃음 등에서도 '치유'라는 키워드가 유행 중이다. 치유 키워드는 종교인 저자들이 책을 쏟아내면서 새롭게 자리 잡은 키워드로 이 역시 출판에서 시작되었다. 인터넷이 급속히 변화시킨다 해도 그것을 짚어내고 유행시키는 것은 책이라는 사실을 잊지 말자.

지금 서점으로 달려가면 최신 트렌드 키워드는 물론 앞으로 유행할 키워드도 볼 수 있다. 이 키워드는 프로강사들에게 새로운 기회를 준다.

둘째, 다른 직업에 대한 공감능력을 길러준다.

공감능력의 중요성은 누구나 다 알 것이다. 특히 프로강사에게는 공감능력이 상당히 중요하다. 다양한 청중을 만나야 하므로 잘 모르는 직업, 살아온 과정을 짧은 시간 안에 공감해야 한다. 관련 책을 살펴보면 직업 또는 살아온 과정들을 빠르게 알 수 있다.

처음 중학교에 성교육을 갔을 때, 성관련 지식은 있었지만 중학생에 대한 지식이 없었다. 그래서 서점으로 가서 중학생 키워드를 찾아 10권쯤 읽고 나니 중학생들의 마음을 어느 정도 이해할 수 있었다. 당시에는 '엽기' 키워드가 유행하고 있었고, 책에서는 중학생들이 좋아하는 엽기만화로 일본 만화인 《괴짜가족》을 추천했다. 강의 때 만화이야기로 시작하니 반응이 매우 좋았던 것으로 기억한다. 책에서 얻은 공감력과 정보를 제대로 활용한 경우였다.

셋째, 지식을 내밀화할 수 있는 방법을 알려준다.

날마다 새로운 지식이 쏟아지는 세상에서 끊임없는 배움은 일상이 되었다. 배움을 넣기만 한다면 머릿속 지식은 산만하게 쌓여 있을 것이다. 이 지식을 내밀화, 프로세스화해야 제대로 활용할 수 있다. 문학이나 일부 자전적 에세이를 제외하고 책에는 체계가 있다. 목차를 보면 체계를 알 수 있고, 책은 그 체계 안에서 구성된다. 책을 많이 읽다보면 책의 체계와 구성을 체득할 수 있다. 이로써 산만하게 쌓여 있는 지식을 체계화하면 제대로 활용할 수 있다. 책을 통해 자신의 지식을 내밀화하고, 내밀화한 지식을 바탕으로 후학을 양성한다면 일가一家를 이룰 수 있다.

넷째, 언어선택의 범위가 넓어진다.

프로강사는 언어를 풀어내 돈을 버는 직업이다. 언어선택의 범위가 좁다면 청중에게 펴낼 수 있는 언어공간言語空間도 좁을 것이다. 강의에서 언어공간이 좁다면 공식적으로 수다를 떤 것에 불과하다. 언어공간을 늘리는 방법은 경험과 독서뿐이다. 다양한 경험을 쌓는 한편 독서를 한다면 언어공간을 무한대로 늘릴 수 있다. 언어공간을 늘리기 위해 프로강사는 반드시 독서를 해야 한다.

독서방법론과 독서선정 방법에 대해서는 시중에 많이 나와 있다. 수많은 독서법과 독서선정 원칙 중 어느 것이 좋은지 고민하는 사람이 많다. 어느 것이 좋다고 말할 수는 없고, 자기에게 맞는 독서법을 찾아 꾸준히 해나가는 것이 중요하다.

프로강사도 마찬가지다. 프로강사를 시작할 때는 책의 소중함을 알기 때문에 열심히 독서를 한다. 하지만 일정이 바빠질수록 독서에 소홀해진다. 꾸준히 독서하지 않으면 지식 도태를 넘어 자기 도태로 이어질 수 있다. 또한 청중의 수준이 상상외로 높기 때문에 공부하는 강사인지 안 하는 강사인지 쉽게 파악해낸다. 청중을 존경하고 청중을 무섭게 생각한다면 강사는 늘 독서를 해야 한다.

독서하지 않는 강사는 청중을 기만하는 강사라고 거듭 말하고 싶다. 나 스스로도 독서하기 위해 얼마나 노력했는지 반성한다. 지식 최전선에 있는 프로강사로서 지식 소비자로 살고 있는지, 지식 생산자로 살고 있는지 생각해보자. 지식 생산자로 살고 싶다면 독서는 필수를 넘어 생존의 조건이라는 마음을 가져야 한다.

20

철저한 사전준비는 다시 초청받는 비법이다

　강사양성과정이 끝나고 나가는 첫 강의는 정말 가슴 떨리는 일대 사건이다. 강사는 첫 강의를 나갈 때까지 이끌어준 선배강사들을 잘 모셔야 하고, 필요에 맞는 강의제안서를 열심히 작성해야 한다. 힘든 점이 한두 가지가 아니다. 그런데 더 어려운 일이 있다. 바로 같은 곳에서 두 번 불러줘 다시 강의를 나가는 일이다.

　두 번 요청을 받았다는 것은 강의 실력이 마음에 드는 것은 물론 서로 코드가 맞기 때문에 가능한 일이다. 청중과 코드가 일치하기는 쉽지 않다. 청중의 성별, 연령도 다르고 불러주는 조직의 특성도 제각각이다. 어느 조직은 속도가 빠르고 형식을 파괴하지만, 어느 조직은 속도보다 절차와 형식을 중요시한다. 백이면 백, 조직의 특성은 모두 다르다.

이런 상황에서 코드가 일치해 두 번 이상 불렸다는 것은 상사가 조직의 특성을 정확히 파악했다는 뜻이다. 이는 강의를 시작하기 전 손품, 발품을 팔아 정보를 모으고 내 것으로 만들기 위해 노력한 결과다. 그래서 사내 강사처럼 두 번 부르게 된 것이다.

자신이 아무리 프로강사라 외쳐도 강의를 요청하는 곳이 없다면 남들 눈에는 그저 백수일 뿐이다. 슬픈 일이지만 엄연한 사실이다. 그리고 누구나 이런 슬픈 시기를 겪게 마련이다. 비록 슬픈 시기지만 슬프게만 보낸다면 정말 슬픈 일만 계속될 것이다. 실력은 무명 때 쌓는 것이다. 두 번 부르게 만드는 비법 역시 아무도 불러주지 않는 무명 때 쌓은 실력과 정성에서 나온다.

만약 지금 강의가 많지 않다면 두 번 부르게 만드는 연습을 하기에 최적기다. 두 번 이상 불러주는 강의를 계속 나가게 되면 긴장의 끈을 놓지 않는 한 세 번, 네 번으로 이어진다. 그래서 프로강사는 두 번 불러주는 일에 집중해야 한다.

두 번 요청받는 영업비법은 기본을 바탕으로 한다. 기본이 전제돼야 응용도 나오는 법이다. 나는 프로강사에 입문한 사람들에게 비즈니스 매너를 강조한다. 비즈니스 매너의 수준은 직장 매너 수준을 넘어야 한다. 명함교환부터 전화예절까지 철저히 매너를 강조한다. 작은 것으로 많은 결과가 달라지는 비즈니스 세계에서는 사소한 매너에 따라 평가가 많이 달라지기 때문에 매너 강조는 기본이다. 매너는 배울 수 있는 곳도 습관화할 일도 많다. 기본 매너는 필수 중의 필수다.

철저히 무명강사로 시작해 억대 연봉을 자랑하는 강사들의 특징을 안다면 두 번 이상 요청받는 강의를 할 수 있을 것이다. 나도 궁금해서 직접 물어보고 관찰해보기도 했지만, 막상 어렵고 특별한 비법은 없었다. 단지 누구나 아는 꾸준함과 노력만 있었을 뿐이다.

두 번 요청받는 강사들은 자신이 강의 나갈 곳을 철저히 파악한다. 홈페이지 같은 기초정보를 살펴보는 것은 물론이고 강의시간보다 일찍 도착해 청중과 이야기를 나눈다. 그리고 인사담당자들이 주는 자료를 꼼꼼히 참고해 청중을 철저히 파악한다.

모든 청중이 그렇듯 자기 회사나 조직, 단체 이름을 불러주면 좋아한다. 두 번 이상 나가는 강사들은 이름을 불러주는 것 말고도 그들의 언어를 사용해 강의를 전개한다. 청중은 이런 정성을 금세 알아차리고 그 정성에 박수를 보낸다.

2008년 미국발 서브프라임 모기지 사태로 온 국민이 힘들어 할 때 큰 위로를 준 목사님이 있다. 바로 대전 중문교회의 장경동 목사님이다. 목사님은 권위를 내려놓고 재미와 공감으로 강의함으로써 많은 사람들에게 위로를 주었다.

장 목사님의 강의 특징은 지역 칭찬을 빼놓지 않는다는 것이다. 나는 대전에서 강의할 때는 직접 청강을 했고, 타 지역에서 강의한 내용은 오디오로 들었다. 이를 통해 장 목사님이 강의 가는 곳을 철저히 파악한다는 점을 알 수 있었다.

대전에서 강의할 때는 오프닝을 이렇게 시작한다.

"내가 대전을 얼마나 알리고 다니는지 아세요? 미국 가면 대전을 알아요. 사람들이 장경동 목사가 사는 곳이라고 하면 잘 알더라고요."

이 말에 청중은 웃음과 박수를 보낸다. 대전에 사는 목사님이니 그렇게 말할 수 있다. 그런가 하면 다른 지역에서 강의할 때는 철저히 지역특성을 파악해 시작한다. 예를 들어 홍삼으로 유명한 전북 진안의 군청에서 강의를 시작할 때 한 말을 그대로 옮겨보면 이렇다.

"우리 몸에 홍삼이 좋다는 건 다 알고 있습니다. 그 몸에 좋은 홍삼 중에 전북 진안 홍삼이 최고입니다. 안 그렇습니까? 여러분!"

그 당시 장경동 목사님의 스케줄을 촬영한 프로그램을 보고 하루에 얼마나 많은 강의일정을 소화하는지 알 수 있었다. 그렇게 바쁜 일정 가운데서도 지역 특징을 파악해 칭찬한다는 것은 대단한 관심과 정성을 기울였다는 증거다. 이런 정성이 있기에 장경동 목사님이 많은 사람들의 기억에 살아 있는 게 아닐까 생각한다.

프로강사라면 철저한 사전준비가 기본이자 숙명이다. 조직 활성화, 조직 커뮤니케이션을 전문으로 하는 프로강사를 만나보면 기업경영이념, 철학, 행동지침 등 기업의 세부적인 내용까지 훤히 안다. 마치 오랫동안 일한 사람처럼 설명할 정도다. 출장강의를 나가는 강사의 순전한 노력이다. 이런 노력이 있기에 기업에서 또 불러주는 것이다.

모 프로강사는 강의에 대해 이렇게 말했다.

"강의는 재미있다. 하지만 강의준비는 정말 힘들다."

강의준비에는 강의하는 내용도 포함되지만 강의 나가는 곳에 대한 사전준비도 해당한다. 사전준비는 거저 주어지지 않는다. 그래서 청중은 그 정성에 열광하게 마련이다.

사전준비 과정에서 시간을 줄이려면 인사담당자에게 적극 협조를 구하라. 인사담당자들도 자기가 불러준 강사가 좋은 평가를 받기를 바라기 때문에 적극 협조한다. 기본정보는 물론 분위기나 요구사항 같은 추상적인 내용도 알려준다. 인사담당자가 주는 사소한 정보까지 얻는다면 강의에는 보석 같은 정보가 담길 것이다.

모든 강사들의 고민은 두 번 요청받는 방법을 알아내는 것이다. 이 숙제는 모든 강사들에게 적용된다. 방법은 철저한 사전준비뿐이다. 청중과 인사담당자는 그와 같이 철저한 사전준비에 감동받고 반응한다. 그러니 사전준비에 많은 시간과 정성을 들이자. 투자한 시간과 비용, 정성은 반드시 몇 배가 돼 돌아올 것이다. 그리고 강의 요청이 두 번에 그치지 않고 세 번, 네 번으로 연결될 것이다.

21

자가발전기로 열정을 유지한다

일본 3대 경영의 신으로 추앙받는 교세라그룹의 이나모리 가즈오 회장. 그는 적자로 허덕이던 일본 J항공을 흑자로 전환시켜 노익장을 유감없이 발휘했다. 가즈오 회장에게는 경영성공은 물론 인생성공을 위해 정립한 그 나름의 '인생과 일' 공식이 있다.

이나모리 가즈오 성공 공식
사고방식 × 능력 × 열정 = 인생과 일

사고방식, 능력, 열정. 어느 것 하나 중요하지 않은 것이 없다. 이 세 가지가 극대화돼야 인생과 일에서 성공한다는 말에 공감이 간다. 이 가운데 사고방식과 능력은 노력 여하에 따라 외부에서 끊임없이 제공받을 수 있다. 사고방식, 즉 긍정적인 사고방식은 독서 또는 강연회, 명상, 취미로 제공받을 수 있다. 능력도 물리적인 시간과 체계적 교육이 뒷받침되면 외부에서 얻을 수 있다.

하지만 열정은 차원이 다르다. 열정은 내부에서 공급해야 하는 요소다. 즉, 스스로 만들어내야 한다. 외부에서 아무리 열정을 가지라고 말해도 스스로 만들어내지 않으면 열정은 샘솟지 않는다. 스스로 열정을 만들지 못하는 사람에게 열정적으로 살라고 한다면 이는 피곤한 잔소리에 불과하다.

모임에 나가보면 모든 일에 완벽한 사람이 있다. 강의도 완벽할뿐더러 가정일도, 육아도, 학습습관도 완벽해 부러움을 산다. 이런 사람은 누구보다 열정적이며, 그 열정이 계속 유지된다. 무한동력이라는 표현이 아깝지 않을 정도다.

프로강사는 소속도 있고 팀도 있지만 혼자 움직이는 1인 기업이다. 그렇기 때문에 열정도 스스로 알아서 조달해야 하고, 그것을 계속 유지할 수 있어야 한다. 즉, 프로강사에게는 자가발전기가 필요하다.

자가발전기는 스스로 연소하는 능력을 말한다. 프로강사는 열정을 태우는 요소를 스스로 충당하고 알아서 조절하는 능력을 갖춰야 하는 직업이다. 그래야 지치지 않고 일할 수 있다. 물론 이것은 프로강사에게만 국한된 이야기는 아니다. 어느 분야에서든 스스로 연소하는 능력을 지닌 사람은 성공하게 돼 있다.

태백산맥문학관에 가보면 조정래 작가의 《태백산맥》을 필사한 원고지가 쌓여 있다. 문학관 관장부터 일반 시민들까지 엄청난 노력을 들여 완성한 필사본들이다. 내 지인 중에도 필사를 통해 신춘문예에 당선된 작가가 있다.

그는 생계를 위한 기본 시간을 제외하고 남는 시간에는 오직 필사에 매달렸다. 작품실력을 늘리는 데는 필사가 최고라고 믿었기 때문이다. 자신을 범재凡才라 생각하기에 할 수 있는 것은 노력과 즐기는 것뿐이었다. 하지만 필사는 엄청난 체력과 시간을 필요로 하는 작업이다. 결국 내장에 탈이 났지만 그는 필사를 멈추지 않았다. 거기서 포기하기에는 너무 억울했던 것이다.

2년 정도 필사한 끝에 자기 나름의 필력이 잡히자 그는 1년 동안 열심히 단편소설을 썼다. 그리고 신춘문예 시즌이 다가오자 열 곳에 각기 다른 작품을 보냈다. 작품수가 많으니 한두 작품을 이름만 바꾸어 내는 작가들과는 차원이 달랐다. 그렇게 신춘문예에 당선돼 마침내 등단했다.

그 지인은 자기 나름의 자가발전기가 있었기 때문에 성공할 수 있었다. 그렇게 지치지 않는 원동력이 무엇이냐고 물으니 간단한 답이 돌아왔다. '스스로에게 지기 싫어서'였다는 것이다. 나는 그의 말에 무릎을 쳤다. 그의 말대로 자가발전기의 최대 원동력은 바로 자기 자신이고, 최대의 적 또한 자기 자신이다.

프로강사는 반짝 콘텐츠를 잡아 반짝 성공을 이룰 수는 있지만 그것만으로는 오래갈 수 없다. 끊임없는 공부와 노력은 필수다. 남다른 열정도 있어야 한다. 스스로를 감시하고 스스로에게 용기를 줘야 한다. 이를 위해서는 자가발전기가 필수다.

지치지 않는 자가발전기를 지닌 사람들은 시간의 소중함을 잘 안다. 자신에게 주어진 시간에는 한계가 있다는 것을 알기 때문에 1분 1초를 소중히 여기며, 지치지 않고 그 시간을 활용한다. 그 모습이 열정적이어서 청중들은 아낌없는 박수를 보낸다.

시간을 소중히 여기는 사람은 무엇보다 스스로를 준엄한 심판자로 설정하고 자신과의 약속을 반드시 지킨다. 특히 마감시간을 칼같이 지키려고 노력한다. 성과를 내는 일 중에 마감이 없는 일은 찾기 힘들다. 마감이 있기 때문에 긴장하고 일하게 마련이다. 프로강사의 경우 외부에서 주어진 마감도 있지만 스스로 정한 마감도 있다. 프로강사는 스스로 준엄한 심판자가 돼 그 시간을 지키려고 노력해야 한다. 그 과정에서 자가발전기가 탄생하는 법이다.

《역경易經》에 '자강불식自强不息'이라는 말이 나온다. '스스로 강해지기 위해 휴식을 허락하지 않는다'는 뜻이다. 휴식을 허락하지 않는다니, 어찌 보면 잔인한 말 같다. 그런데 여기에서 허락하지 않는 휴식은 나태함이다. 나태함이 지속되면 회복불가능으로 떨어지고 만다. 그렇기 때문에 끝도 모를 나태함을 스스로 경계해야 한다.

우리에게 필요한 휴식은 재충전을 위한 시간이다. 재충전은 자가발전기에 꼭 필요하다. 즉, 적당한 재충전은 자가발전기를 유지하는 데 도움이 된다.

누구나 열정적인 사람을 좋아한다. 청중도 열정적인 강사를 좋아한다. 열정적이라고 해서 록가수처럼 무대를 휘젓는 것은 아니다. 각자의 강의 스타일에 따라 열정적 모습도 제각각이다. 그런데 청중은 강사에게 열정이 있는지 없는지 쉽게 알아챈다. 그것이 청중의 능력이며 의무이기 때문이다. 강사가 주는 열정에 청중도 열정으로 보답한다. 하지만 열정은 외부에서 얻지 못한다. 스스로 내부에서 만들어내야 한다.

그런데 자가발전기는 쉽게 주어지지 않기 때문에 많은 노력이 필요하다. 그렇다면 자가발전기를 지닌 사람들은 어떤 특징을 보일까? 다음 내용을 참고로 해서 무한동력에 가까운 자가발전기를 만들어보자.

첫째, 모든 일에 마감일을 정한다.

이렇게 하면 마감일을 지키기 위해 노력하는 것은 물론 더 빨리 끝내기 위해 더 큰 열정을 발휘하게 돼 있다. 그래서 빨리 끝내고 새로운 일에 들어가 남들보다 더 좋은 성과를 낸다. 모든 일에 마감일을 정한다면 상상을 초월하는 성과를 거두게 될 것이다.

둘째, 목적의식을 누구보다 강하게 설정한다.

목적의식과 그에 맞는 목표가 있으므로 이를 달성하기 위해 포기하지 않고 열정을 발휘한다. 경영 명언 중 '데이터화할 수 없으면 개선할 수 없다'는 말이 있다. 목적의식도 데이터화할 수 있게 구체적으로 메모하고 달성 여부를 확인하면 좋을 것이다.

강사들 중에는 연초가 되면 '올해 달성해야 할 리스트'를 블로그에 올리는 사람들이 있다. 그리고 연말이 되면 달성 여부를 공개한다. 이는 목적의식을 데이터화한 결과다. 그러므로 목적의식과 목표를 명확히 할 필요가 있다.

자가발전기가 있다는 것은 강사로서 큰 능력을 지니고 있다는 의미다. 거기에서 나오는 열정을 청중과 나눈다면 강사와 청중 간에 시너지가 넘치는 멋진 강의가 이루어질 것이다.
모든 강사들의 소망은 열정적으로 강의를 진행하는 것이다. 열정이 없는 강사는 청중에게 열정을 줄 수 없다. 자가발전기로 끊임없이 힘을 얻어 강사와 청중이 모두 충전하는 강의를 펼쳐야 한다.

22

SNS에 나를 팔아야
세상이 알아준다

1~3세 아이를 둔 엄마라면 한 번쯤 들어본 책이 있을 것이다. 《지랄발랄 하은맘의 불량육아》와 《닥치고 군대 육아》다. 모두 재무설계사 김선미 씨의 책으로, 제목에서 알 수 있듯 육아를 겪으며 경험한 많은 일들을 여과 없이 솔직하게 담고 있다. 두 책은 많은 엄마들에게 큰 공감을 얻으며 공전의 히트를 쳤다. 두 책의 성공으로 김선미 씨는 강의와 멘토링을 하며 바쁘게 살고 있다.

김선미 씨는 책을 출간하기 이전에는 파워 블로거로 유명했다. 블로그에 자신의 육아 경험을 올리기 시작한 것이 점점 많은 사람들의 공감을 얻으며 유명해지자 책으로 출판하게 되었고, 그 경력을 바탕으로 인기강사가 된 경우다.

모임이나 강의에 나가 명함을 돌리고 나면 카톡에 모르는 번호가 뜰 때가 있다. 그러면 카카오스토리에 친구추가가 돼 있고, 어느 날 보면 블로그에 이웃신청도 돼 있다. SNS는 이처럼 사람을 연결해주는 도구다. 기회가 나도 모르게 오는 것처럼 SNS도 어느새 나를 깊이 있게 알려주는 도구가 된다.

블로그와 다양한 SNS는 많은 사람들에게 새로운 기회의 장이다. 이 기회의 장을 활용하는 시스템은 잘 갖춰져 있다. 즉, SNS에 글과 사진 올리는 법만 조금 배우면 누구나 잘할 수 있다. 프로강사들에게도 SNS의 활용은 필수를 넘어 생존 도구가 되고 있다. SNS는 누구에게나 열려 있지만, 이를 활용하는 사람의 꾸준함과 성실함이 차이를 만들어낸다. 강사들은 꾸준함과 성실함으로 SNS에 자신을 팔아야 한다. 그래야 새로운 기회가 열린다.

지금은 과잉공급시대다. 상품이 쉴 새 없이 쏟아져 나오며, 모든 기업은 판매 문제에서 자유롭지 못하다. 또한 어떤 상품이 히트를 친다 싶으면 경쟁자들이 호시탐탐 기회를 노리다 경쟁 제품을 내놓는다. 이러한 과잉공급 상황에서 마케팅을 잘하는 품목이 잘 팔리는 것은 당연하다.

프로강사들도 과잉공급시대라 할 수 있다. 진입 장벽이 낮기 때문에 경쟁자들의 접근도 쉽다. 그러므로 프로강사들도 마케팅을 잘해야 한다.

 강사양성과정에서 마케팅의 중요성을 강조하면 일부 수강생들은 실력이 중요한 것 아니냐고 묻는다. 그 말에는 나도 공감한다. 마케팅이 아무리 현란해도 기본실력이 없으면 속 빈 강정이라는 것을 청중들이 금세 알아챈다. 그런데 관점을 한번 바꿔보자. 아무리 실력이 좋아도 사람들이 나를 알아주지 않으면 실력을 펼칠 공간도 주어지지 않는다. 그러므로 마케팅을 통해 나를 알리고, 기회가 올 때 실력을 유감없이 발휘하면 된다.

 프로강사가 고가의 광고나 바이럴 마케팅을 하자면 아무래도 한계가 있다. 아무리 아웃소싱시대라 하지만 SNS에 나를 알리는 일은 직접 하는 것이 비용도 아끼고 청중들 또는 인사담당자들에게 진심을 전하는 좋은 방법이라 생각한다.

 만약 바이럴 마케팅 업체에 맡긴다면 자신의 정체성 또는 강의주제를 정확히 알려야 한다. 지인 강사 중에 바이럴 마케팅 업체를 이용한 사람이 있다. 그는 블로그나 카페에 올라온 글들이 강의주제와 상관없을 뿐만 아니라 수준이 떨어진다며 실망했고 계약기간이 끝나자마자 접어버렸다. 이처럼 SNS 조회수도 중요하지만 조회수보다 더 중요한 것은 자신을 제대로 알리는 일이다. 바이럴 마케팅 업체에 맡길 경우 이 점을 잘 생각해야 한다.

나는 SNS에 자신을 잘 알리려면 무엇보다 정체성을 확립해야 한다고 조언한다. 내가 정확히 무엇을 하는 강사고, 무엇을 홍보하기 위해 블로그나 카페를 운영하는지 알아야 한다. 뚜렷한 콘텐츠나 정체성이 드러나지 않으면 홍보효과를 제대로 얻을 수 없다.

다른 사람의 블로그나 카페에서 타이틀을 보면 정체성 유무를 쉽게 알 수 있다. 그 타이틀을 보고 무엇을 하는 곳인지 초보자도 알 수 있다면 신변잡기 정보가 아니라 정확한 정보를 제대로 얻을 수 있다는 신뢰가 간다.

프로강사는 모든 주제를 강의할 수 없다. 자신만의 강의주제가 있어야 한다. 이것이 강사의 정체성이며, 이 정체성을 SNS에 고스란히 담으면 된다. SNS에 홍보할 때는 정체성의 확보 외에도 다음 사항을 지킬 필요가 있다.

첫째, SNS를 읽을 대상을 쪼개야 한다.

《작지만 강한 나노 브랜드》의 김준모 저자는 고객은 물론 아이템, 잠재의식까지 쪼개고 쪼개서 공략하라고 조언한다. 이 세상에 전 국민이 보는 SNS는 존재하지 않는다. 자신이 하는 강의, 정체성을 고려해 대상을 선정하고 그에 어울리는 글과 사진을 올려야 한다. 대상에 맞는 단어를 선택하고 대상에 맞는 사진들을 올리면 효과를 극대화할 수 있다.

둘째, 전문가에게 맡길 것은 맡겨야 한다.

정성스럽게 관리를 하긴 하는데 대문이나 메인화면의 디자인이 엉성한 경우가 있다. 안타까운 일이다. 스마트폰은 물론 인터넷을 활용하는 SNS는 각종 이미지 편집기술이 필요하다. 굳이 시간을 들여 이런 기술을 배울 필요는 없다. 이 세상에는 전문가가 많다. SNS의 대문이나 메인화면을 만들어주는 전문가들도 많다. 고민할 것 없이 전문가에게 맡기면 정확히 무엇을 하는 SNS인지 제대로 알릴 수 있다.

셋째, 나를 불러줄 수 있는 정보는 열어둔다.

나는 입문한 프로강사들에게 SNS에 전화번호를 비롯한 몇 가지 개인정보를 열어두라고 조언한다. 그러면 일부 여자강사들은 이상한 사람들에게서 전화가 오면 어떻게 하느냐면서 이메일만 올린다. 같은 여자로서 충분히 이해가 간다. 하지만 자신이 상품인데 구매할 방법이 없다면 어떻게 나와 연락을 해서 강의로 이어질 것인가. 이메일은 직통전화보다 효율성이 확실히 떨어진다는 것을 기억하자.

이상한 사람에게 전화가 오면 어떻게 하느냐고 물으면 나는 수신거부와 메시지 차단, 대화 녹음 후 신고하는 방법이 있다고 알려준다. 구더기 무서워 장 못 담글 수는 없다. 당당하게 오픈하고 규모가 커지면 직원 또는 회사 전화번호로 전환하면 된다. 정보를 열어라.

넷째, 이벤트도 필요하다.

많은 강사들의 SNS를 보면 어디에 강의를 나갔고 누구를 만났는지 알 수 있다. 또 어떤 강의를 오픈할 테니 등록하라는 글과 사진도 올라온다. 그런데 가끔은 SNS의 활력을 위해 이벤트를 여는 것도 좋다. 거창한 것이 아니라 퀴즈를 내서 당첨된 사람에게 선물을 주는 가벼운 이벤트다. 선물이 너무 비싸면 서로 부담스러울 테니 간단한 선물로 이벤트를 열어보라. 똑같은 패턴의 SNS 글과 사진에 활력을 불어넣을 수 있다.

마지막으로 SNS에 신중함과 따뜻함을 더하라고 조언하고 싶다. 많은 사람들 앞에 서는 프로강사는 공인된 삶을 사는 사람이다. 우리는 SNS에 신중하지 못한 발언이나 사진을 올려 망신당하는 경우를 심심치 않게 본다. 자기 계정에 글이나 사진을 올리는 것은 본인의 자유지만, 자신의 의도와는 달리 오해를 받아 곤욕을 치를 수도 있음을 염두에 둬야 한다. 그러므로 신중해야 한다. 그리고 나의 글, 사진이 누군가에게 영향력을 미칠 수도 있음을 기억하자.

프로강사에게 실력은 기본이다. 그런데 실력이 있어도 세상이 자신을 알아주지 않으면 실력을 펼칠 공간도 얻을 수 없다. 그래서 마케팅을 해야 한다. 나쁜 목적으로 마케팅을 하는 것은 문제지만, 그렇지 않다면 나를 세상에 알릴 수 있어 좋고 어딘가에서 나를 필요로 하는 사람에게 쉽게 알릴 수 있어 또한 좋다.

과거에는 큰돈을 들여야 나를 알릴 수 있었다. 하지만 SNS가 열리면서 누구나 접근할 수 있게 되었다. 프로강사들은 이런 장점을 적극 활용해 기회를 잡아야 한다.

23

책을 펴내 몸값을 올려라

유명한 프로강사들을 떠올려보자. 그들에게 보이는 공통된 특징이 두 가지 있다. 첫째는 유명하다는 것, 둘째는 자신의 이름으로 낸 책이 있다는 것이다. 이들은 책을 통해 강의를 글로 풀어내거나 자신의 삶을 자전적 에세이로 써서 독자들과 소통한다. TV, 인터넷, 라디오가 있지만 시간의 한계가 있고 신문은 지면의 한계가 있다. 하지만 책은 독자에게 전하고 싶은 메시지를 마음껏 전달할 수 있고, 반영구적으로 보관이 가능해 수시로 볼 수도 있다. 그래서 다른 소통도구들과는 깊이가 다르다.

과거에 비해 출판 장벽이 낮아지면서 전문작가가 아니라도 쉽게 출판을 할 수 있는 시대가 열렸다. 책을 좋아하는 사람들은 버킷리스트에 책 출간을 적어둘 정도가 되었다. 이런 상황에서 지식을 바탕으로 활동하는 프로강사들에게는 책 출간이 필수사항이 되고 있다. 이제 생각만 하지 말고 실천에 옮겨야 한다.

사회적으로 인정받는 성과를 낸 사람만 책을 내는 시대는 지나갔다. 집필 당시 스물네 살 대학생이었던 조정제 씨는 《10대도 행복할 수 있다》와 《좁은 문 앞에서》를 연이어 펴냈다. 사회적으로 유명하거나 특별한 성과를 낸 사람도 아닌데, 자신의 10대 시절과 10대의 꿈과 비전이 얼마나 중요한지에 대해 두 권의 책을 써서 세상에 내놓은 것이다.

그는 이 책을 바탕으로 해서 10대 비전코치로 강의를 나가고 있다. 조정제 씨처럼 세상에 내놓을 메시지가 분명하고, 그것을 출판 형식에 맞게 가공한다면 사회적 성공 여부와 상관없이 책을 펴낼 수 있다.

프로강사에게 책 출간은 다양한 면에서 의미가 있다. 먼저 책을 쓰면서 머릿속 지식을 정리할 수 있다. 책을 쓴다는 것은 머릿속에 머물러 있는 지식의 층위를 배열하고 특정 주제에 순서를 입히는 작업이다. 그동안 직간접으로 쌓아온 많은 지식을 눈에 보이게 정리하는 것이 바로 책 쓰기다.

또 책을 바탕으로 나를 홍보할 수 있다. 책은 나의 분신으로서 나를 대신해 독자들에게 나를 알려준다. 그래서 그 책을 읽고 강의를 요청하는 경우가 많다. 이 경우 강사로서 대접받는 한편 저자로서 또 다른 대접도 받는다. 책의 저자로서 받는 몸값도 물론 다르다.

프로강사가 책을 출간하는 또 다른 이유는 나만의 지식, 노하우, 경험을 공유할 수 있기 때문이다. 아무리 좋은 지식도 혼자 알면 시너지에 한계가 있다. 지식은 공유해야 강한 힘을 낼 수 있다. 책은 깊이가 있고 전달력이 강하며, 책의 출간에는 후대에게 지식을 상속하는 의미도 담겨 있다.

그런데 출판 장벽이 낮아졌다고는 하나 사실 자신의 책을 낸다는 것은 여전히 쉽지 않은 작업이다. 하지만 프로강사로서 내 몸값을 높이기 위해서는 책 출간이 필수라는 점을 명심하자. 또한 이 세상에 책을 남기는 일은 한 사람의 인생에도 큰 의미가 있는 작업이다.

그러면 책의 출간에 대해 알아보자.

책을 내는 방법으로는 자비출판과 기획출판이 있다. 자비출판은 말 그대로 저자가 출판비용을 부담하는 것이다. 저자가 비용을 부담하기 때문에 원고만 완성되면 100% 출판이 가능하다. 자비출판의 경우 출판사가 출판에 들어가는 비용을 저자에게 받게 되므로 자칫 저가로 책을 만들어줄 수 있다. 그러므로 출판사를 선택할 때는 표지부터 원고 교정교열 등 출판사 홈페이지에 있는 포트폴리오를 보고 신중히 계약해야 한다. 자비출판은 저자가 비용을 부담하므로 저자가 받는 인세가 많고, 광고방법도 저자의 선택을 따른다. 자비출판의 비용, 절차 등에 대해서는 인터넷 검색을 통해 많은 정보를 얻을 수 있으니 참고하면 된다.

기획출판은 출판사가 인세를 주고 원고를 구입해 출판하는 것을 말한다. 출판사도 기업이다보니 원고의 시장성을 잘 따져보고 가능성이 있을 때 출판을 한다. 송숙희 작가는 《책쓰기의 모든 것》에서 기획출판을 위해 출판사들이 '승용차 한 대 값'을 지불하고 있다고 말한다. 주변의 출판사 대표들에게 물어보니 그 정도는 지불한다고 한다. 즉, 기획출판을 고려 중이라면 집필 중인 원고가 승용차 한 대 값을 할 수 있는지 따져봐야 할 것이다.

기획출판의 경우 원고의 시장성을 가장 민감하게 따지는 이유는 초기 투자비용이 많고, 투자한 돈으로 저자에게 인세를 지급하고 직원들의 월급도 줘야 하기 때문이다. 그러니 시장성에 민감한 것이 당연하다. 그래서 책을 많이 판매하기 위해 책의 표지, 교정교열, 광고 등에도 세심하게 신경쓰며 고

군분투하는 모습을 볼 수 있다.

자비출판과 기획출판 중 어느 쪽이 좋을까? 저자의 역량이나 주제의 시장성, 메시지 등 다양한 요소를 고려해 선택하면 된다. 두 방법의 일장일단을 모두 따져봐야 하며, 또한 책은 한 번 출간되면 재판을 찍을 때까지 바꿀 수 없으니 무엇보다 신중해야 한다.

출판을 하려면 가장 중요한 것이 원고다. 프로강사들의 원고 쓰기에 대해 알아보자.

원고를 쓰려면 먼저 책의 주제를 정해야 한다. 프로강사들에게는 자신만의 강의주제가 있다. 강의주제는 그 분야를 청중보다 더 많이 공부했다는 것을 전제로 한다. 그러므로 강의주제로 책을 낸다면 자료도 풍부하고 할 말도 많아 훨씬 수월하다.

만약 여성 커리어 관련 강의를 하고 있다면 여성 커리어 관련 책을 최소한 20~50권쯤 읽어야 한다. 단순히 읽는 것이 아니라 기존의 책들에서 보강할 부분이나 새로운 관점을 보여줄 부분을 찾으며 읽어야 한다. 즉, 분석하며 읽어야 한다.

분석이 끝나면 기존의 책들과 어떻게 다른 내용을 담을지 고민하며 주제를 찾는다. 예를 들어 여성 커리어에 대한 기존의 책들이 프로의식을 강조했다면 가정과 함께 가야 한다는 새로운 관점으로 책을 쓰는 것이다.

주제를 정했다면 원고의 기초 뼈대인 제목과 목차를 만들자. 제목과 목차는 흥미롭게 만들어야 한다. 목차의 분량은 기존의 책들을 보면 가늠할 수 있다. 제목과 목차가 나왔다면 이제 집필이 남았다.

원고 분량은 장르에 따라 천차만별인데, 경쟁도서를 분석하면 대략 알 수 있다. 단행본 분량을 기준으로 하면 평균 A4 용지 120장 내외(한글과컴퓨터, 10포인트, 160% 간격)가 된다. 사실 전문작가가 아닌 사람이 하나의 주제로 120장을 쓴다는 것은 여간 어려운 일이 아니다. 하지만 프로강사에게 책 출간이 필수가 되고 있으니 한 번은 극복해야 할 문제다.

한 번 극복하면 두세 번은 쉽게 집필할 수 있다. 그래서 책을 한 권도 안 쓰는 프로강사가 있는 반면 한 권만 쓰는 프로강사는 없다. 그러니 일단 집중해서 원고를 써보자.

힘들게 120장 내외의 원고를 완성했다면 꼼꼼히 읽어보며 오자, 문맥을 수정한다. 많이 읽어볼수록 원고가 좋아지기는 하지만, 시간과 체력을 생각해 적당한 선에서 마무리한다.

탈고한 뒤에는 기획출판이든 자비출판이든 계약을 하면 된다. 자비출판의 경우 비용견적을 받아보고 출판하면 된다. 기획출판의 경우에는 먼저 자신이 책을 출판하고 싶은 출판사를 결정한 뒤, 출판사 이메일이나 홈페이지 투고란에 정중한 자기소개와 함께 원고를 첨부하면 된다(출판사에서 나온 책의 판권을 보면 연락처가 있다). 그 뒤 출판사에서 피드백을 주거나 계약을 하자는 연락이 오면 계약서를 꼼꼼히 살펴보고 계약하면 된다.

이렇게 간단히 설명했지만, 사실 책 쓰기는 간단한 작업이 아니다. 시중에는 책 쓰기 관련 책들이 많이 나와 있다. 나는 25년간 글 범주에 있으면서 수많은 저자를 키워낸 서정현 작가의 《적자생존》을 추천한다. 이 책에는 작가의 메모에서 일기, 일기에서 에세이, 에세이에서 단행본으로 가는 프로세스와 출간 과정이 자세히 담겨 있다.

프로강사에게 책 출간이 필수가 되다보니 이를 이용해 돈을 벌려는 사람도 많다. 출판 시스템을 잘 모른다고 높은 비용을 요구하거나 자신이 운영하는 출판사에서 책을 내도록 유도하는 컨설턴트들도 있으니 특히 주의해야 한다. 고액을 받는 컨설턴트들은 책을 출간하면 혁명적인 일이 생길 거라고 말한다. 하지만 책 한 권 낸다고 해서 혁명적인 변화가 일어나지는 않는다. 그보다는 잔잔한 변화를 느끼게 될 것이다. 만약 컨설턴트의 도움이 필요하다면 그들의 돈벌이 수단으로 전락하지 않도록 진정성 있는 컨설턴트를 잘 만나야 한다.

프로강사에게 책 출간은 자신의 몸값을 올리는 한 방법이다. 시작도 하기 전에 어렵다고 포기하면 기회조차 주어지지 않는다. 중요한 점은 힘들더라도 실천해야 한다는 것이다. 프로강사로서 세상에 던질 메시지는 많다. 그 내용을 책으로 펴내 몸값을 올리는 한편 자신의 메시지를 세상에 남기자.

24

강사 네트워크로 시너지를 높여라

　10여 년 전 강사로 활동하기 시작했을 때와 지금의 상황을 비교하면 강사 시장이 확실히 커졌고, 강사 간의 네트워크도 잘돼 있다. 과거에는 불러주면 강의를 나가는 경우가 대부분이었지만, 지금은 20~30대 젊은 강사들의 경우 팀을 꾸려 프로그램을 만들고, SNS나 인터넷에 홍보해 사람들을 모아 강의한다. 연예인 못지않게 인기 있는 강사는 청중이 꽉 차게 되므로 불러주는 강의 환경을 뛰어넘었다고 할 수 있다.

　지금은 강의 장소를 대여해주는 곳도 많고 스터디룸도 늘어나 술자리가 아니더라도 강사들끼리 모임을 가질 수 있게 되었다. 특히 SNS를 통해 시공간을 넘어 가까워지고 있다. 또한 협동조합이 설립되고 강사은행, 협회, 단체가 생겨나면서 강사 네트워크는 갈수록 끈끈해지고 있다. 이는 프로강사의 입장에서는 바람직한 현상이다. 앞으로도 강의 환경은 계속 좋아질 것이다.

프로강사로 성공하려면 당연히 프로강사가 모여 있는 곳에 가야 한다. 최신정보는 물론 선배들의 인간적인 조언이 큰 도움을 준다. 그래서 나도 특별한 약속이 없으면 사전에 약속된 강사모임에는 꼭 나가는 편이다.

프로강사의 특성상 혼자 움직이는 경우가 많기 때문에 강사들은 알게 모르게 외로움을 많이 탄다. 강사모임에 가면 같은 일을 하는 사람과 어울려 편안함을 느낄 수 있다. 서로의 고충을 워낙 잘 알기 때문에 말도 편하게 할 수 있고, 업계의 동향과 새로운 트렌드를 공유할 수 있어 좋다.

강사 네트워크는 어디서든 찾아볼 수 있을 만큼 많다. 전국민 강사시대가 열리면서 지역을 불문하고 강사모임이 이루어지고 있기 때문이다. 강사모임에 나갈 때는 명함준비와 자기소개가 필수다. 편안한 모임이라는 생각에 자기소개를 예상치 못했다는 듯 행동한다면 프로강사로서의 첫 이미지를 망치는 셈이다. 강의의 시작이 인사와 자기소개인데, 이것을 못하면 기본자질부터 의심받게 돼 있다.

그러므로 새로운 강사모임에 나갈 때는 명함과 함께 자기소개를 준비하자. 어떤 인연으로 오게 되었고, 무슨 강의를 하는지, 앞으로 어떤 포부가 있는지 등 자기소개를 준비해두면 갑자기 자기소개를 하게 되더라도 당황하지 않는다. 그리고 마음 편히 모임을 즐길 수 있다.

정확한 통계는 없지만, 수천 개가 넘는 프로강사 모임 중 어떤 모임에 나가는 것이 도움이 될까? 먼저 프로강사로서 존경하는 멘토나 스승이 소속된 모임을 찾아보자. 멘토나 스승은 나와 코드가 비슷한 사람이므로 그가 속한 모임 역시 코드가 비슷할 것이다. 아무리 탄탄한 조직과 좋은 목적을 가진 모임이라도 나와 맞지 않으면 오래 활동하기가 힘들다. 그렇기 때문에 나와 맞는 모임을 찾는 것이 중요하다.

멘토나 스승이 속한 모임이 나와 코드가 맞을 가능성이 크지만, 혹시 그렇지 않다면 다양한 모임을 접해보는 것이 좋다. 직접 모임에 나가 모임의 성격, 조직원, 운영상황을 보고 나와 맞는 곳을 선택해 정기적으로 참석하면 된다. 처음 모임에 나가면 신입회원으로서 해야 할 일이 있다. 나이를 떠나 앞장서서 모임 일을 도우면 이를 싫어할 사람은 없다. 그렇게 시간이 흐르면 자연스럽게 모임에 융화될 수 있다.

강사 네트워크를 할 때는 처음부터 너무 강한 목적의식을 가지지 않는 것이 좋다. 누군가가 있기 때문에 나간다거나 고급정보를 얻으려는 마음에서 네트워크에 뛰어들 경우 목적했던 것이 떨어지면 오래가지 못한다.

처음에는 네트워크에 융합한다는 마음으로 시작하고, 자신이 바라는 바를 서서히 이뤄가는 게 현명하다. 그리고 처음부터 강한 목적의식을 가지고 네트워크를 시작한 사람은 아무리 숨겨도 다른 사람들이 알아채 경계의 대상이 된다는 점을 잊지 말자.

어느 미국 정치인은 "무엇을 아느냐보다 누구를 아느냐가 중요하다"고 했다. 네트워크는 '누구를 아느냐'를 보강해주는 방법이다. 하지만 처음부터 인맥을 쌓을 목적으로 네트워크에 가입하면 오래가지 못한다. 처음에는 사람들과 만나는 것을 좋아하는 순수함으로 봉사하며 자연스럽게 융화할 수 있도록 하자.

프로강사 솔루션

Q. 모든 연령이 공감할 수 있는 주제가 있다면 무엇입니까?

A. 모든 연령이 공감할 만한 주제는 우리 주변에 많습니다. 당장 가족 이야기만 꺼내도 모든 연령이 공감할 것입니다. 음식, 여행 등 주제는 정말 많습니다. 중요한 것은 공감 가는 주제를 수집하는 자세입니다. 세상을 놀라게 할 공감주제도 메모 또는 기록을 해놓지 않으면 허사입니다. 공감주제를 찾으면 기록하는 습관을 들이세요. 그러면 자동으로 모든 연령이 공감할 주제가 나올 겁니다.

Q. 실력 있는 강의 말고도 다시 강의 요청을 받는 소장님만의 특별한 방법이 있습니까?

A. 특별한 방법인지는 모르겠습니다만, 저는 담당자에게 꼭 책을 선물합니다. 바빠서 준비를 못했을 때는 고속도로 휴게소에 있는 미니 서점에 가서라도 책을 준비합니다. 저는 전화 목소리에서 나이를 판단해 책을 선정합니다. 그리고 감사 메시지를 남기는데, 메시지에 연락처를 살짝 적어둡니다. 책꽂이에 그 책이 있을 동안에는 아주 가끔이라도 저를 기억해주리라 생각합니다.

4장

프로강사, 스토리를 녹여 강의하라

25

현란함보다 진정성이 우선이다

얼마 전 화려한 PPT에 연예인 같은 외모, 공명이 울리는 목소리까지 완벽해 보이지만 어딘가 어색한 강의를 들었다. 톱니바퀴처럼 완벽하게 돌아가는데 뭔지 모르게 이상했다. 강사의 눈빛을 보니 뭔가 불안해 보였다. 완벽에 가까운 강의가 끝나고 강사에게 다가가 말을 걸으니 급히 대답하고는 도망치듯 사라졌다.

겉으로는 그럴싸해 보여도 진정성이 결여된 강의라 불안해 보이지 않았나 생각한다. 청중과 참된 소통을 하려면 현란함보다 진정성이 우선인데, 그에게서는 진정성이 보이지 않았다. 정확히 표현하기 힘들지만, 온기가 없는 로봇 같다는 느낌이 들었다.

강사의 기본은 콘텐츠의 전문성과 스피치다. 스피치에서 가장 중요한 것은 아름다운 목소리와 화려한 미사여구가 아니라 진정성이다. 그렇다면 진정성이란 무엇을 말하는가. 진정성은 '진실한 마음이 담겨 있는 것'을 말한다. 또한 어떤 이익을 창출하기 위해 고안되거나 조성되지 않는 것을 말하기도 한다. 꾸미거나 미화하지 않고 오직 자신이 겪은 경험이나 사실을 거짓 없이 말하면 진정성으로 소통할 수 있다.

제임스 H. 길모어와 B. 조지프 파인 2세의 공저 《진정성의 힘》을 보면 요즘 제품들은 서비스로만 그치는 게 아니라 직접 체험하게 함으로써 진실성을 보여준다고 한다. 새로운 비즈니스 규범이 생긴 것이다. 진정성의 문제는 고객의 체험뿐만이 아니라 경제 전반으로 확산돼 품질개선, 비용절감으로 나타났다. 이 밖에도 삶의 모든 영역에서 체험을 통해 진정성을 보이기 시작했다.

진정성의 실패는 비즈니스뿐만 아니라 교육제도에서도 일어난다. 프린스턴 대학교 학생의 거의 절반이 A를 받고, 세계 최고 명문대학인 하버드에서는 졸업생의 90%가 우등상을 받는다고 한다. 통계적으로 보면 진정성이 결여된 수치다. 그래서 진정성 없는 교육제도의 효용성을 의심하게 한다.

《진정성의 힘》에서는 상품의 진정성을 이야기하고 있는데, 프로강사의 경우 서비스의 진정성을 생각해볼 수 있다. 모든 회사들이 진실성 없이 자사 제품이 최고라고 설명하는 세상에서 서비스직인 프로강사도 진정성의 정도를 알아야 한다. 진정성과 동일한 맥락으로 볼 수 있는 것이 바로 성실함이다. 그 사람의 성실성 정도에 따라 믿을 만한 사람인지 아닌지 판단할 수도 있다.

성실의 중요성을 말해주는 실제 사례가 있다.

한 보험회사 직원이 신규고객 개척에 온 힘을 쏟고 있었다. 그는 일단 아무 가게나 무작정 들어가 자신을 홍보하고 많은 곳을 돌아다녔다. 그러면서 간간이 식당에서 점심을 사 먹으며 사장님들과 친분을 쌓기 시작했다.

만약 당신이 사장이라면 처음 보는 신입직원에게 보험을 가입하겠는가. 당연히 그럴 리 없다. 그 사람이 언제 그만둘지도, 어떤 사람인지도 모르기 때문이다. 그런데 이 직원은 약 1년 동안 발품을 팔며 그 지역을 돌았고, 그 결과 주변 상권지역 사람들에게 자연스레 '성실한 사람'으로 인정되었다. 그런 이미지는 사람을 진실돼 보이게 한다. 결국 그 직원은 주변 상권지역의 모든 보험상품을 단독으로 판매하는 기록을 세웠다.

프로강사는 보험회사 직원처럼 무작정 아무 데나 갈 수는 없지만, 강연장을 돌아다니거나 강연 시작 전후 많은 사람들에게 친근하게 다가가 자연스럽게 자신이 성실한 사람임을 알릴 수 있다. 또한 강연준비 세팅으로 바쁜 직원들에게 "제가 시간이 잠깐 비는데 짐 옮기는 걸 도와드릴까요?" 하고 말을 걸거나 물이라도 한 잔 건네보면 어떨까? 이런 행동들이 입소문을 타고 퍼지면 자연스레 예의바르고 꾸밈없이 진실된 사람이라는 것이 알려지게 된다.

'만강혈성滿腔血誠'이라는 말이 있다. '마음속에서 진심으로 우러나오는 정성'이라는 뜻이다. 진심으로 우러나오는 강연이야말로 청중의 마음을 여는 열쇠라고 할 수 있다.

자신에게 맞지도 않는 현란한 강연 스킬을 어설프게 쓰기보다는 진실성과 진정성을 담아 강연한다면 청중에게 인정을 받을 것이다. 아무리 마케팅과 광고의 시대라지만, 그것도 진정성 앞에서는 무기력한 방법이다. 그렇기 때문에 강사들은 진정성을 최우선으로 생각해야 한다.

그렇다면 진정성을 가지기 위해 어떻게 해야 할까? 우선 자기 공개를 겁내지 말아야 한다. 프로강사 양성과정을 시작하면 자기소개를 기본으로 시킨다. 진정성의 중요성을 알기 때문에 누구나 할 것 없이 자신의 과거부터 공개하는 것이다.

청중에게도 자연스럽게 자기 공개를 하면 마땅히 숨길 것도 없어 진정성 있게 강의할 수 있다. 그러면 청중도 강사의 진정성에 적극적으로 답하게 마련이다.

다음은 프로강사로서 진정성을 가지기 위해 평소에 점검해야 할 사항들이다.

첫째, 편견을 가지지 않는다.

편견은 심각한 병이다. 편견을 가지고 청중을 바라본다면 진정성은 이미 물 건너간 상태다. 나 또한 다양한 직업군을 상대로 강의를 나가면 그 직업군에 대해 편견이 발동할 때가 있다. 하지만 대체로 예상이 빗나간다. 엔지니어들 중에도 문학지식이 풍부한 사람들이 많았고, 조직의 특성을 모를 것으로 생각했던 신입사원들 가운데도 조직을 꿰뚫는 사원이 많았다. 내가 가진 편견을 버릴 때 진정성 있게 다가갈 수 있다.

둘째, 스스로 그것을 말할 자격이 있는지 점검한다.

청중 앞에서는 변화와 혁신을 외치지만, 정작 본인은 변화와 혁신과 먼 사람이 있다. 스스로 그것을 말할 자격이 있는지 주기적으로 점검해야 한다. 사실 나도 이 점에서는 자유롭지 못하다. 그래서 더욱 겸손하고 조심해야 하는 내용이다.

셋째, 내려놓을 줄 알아야 한다.

철두철미하고 진정성 있게 강의할 자신이 없으면 거절할 줄도 알아야 한다. 진정성 없는 강의는 나는 물론 청중에게도 마이너스다. 강의료의 유혹을 물리치고 반성하는 시간을 가지기 위해 내려놓을 줄도 알아야 한다.

현란함은 기교에 속한다. 기교는 약간의 노력과 눈속임만 있으면 누구나 발휘할 수 있다. 하지만 진정성은 마음에서 나온다. 청중이 현란함에 잠깐 박수를 보낼지라도 그것은 오래 가지 않는다. 진정성을 가지고 롱런하는 강사로 자신을 업그레이드해야 한다.

26

절박한 준비가 청중을 사로잡는다

목숨을 걸고 반드시 해내야겠다는 생각을 가지면 어떠한 일이든 못할 일이 없다.

동기부여 강의를 준비할 때 자주 인용하는 말이다. 이 말에 전적으로 동의하는 사람도 있고 거부하는 사람도 있다. 동의하든 동의하지 않든 선택은 개인의 몫이다. 우리는 종종 주어진 여건을 탓한다. 사회 탓, 경제 탓 말이다. 일을 이루는 과정에서 실패의 경험은 누구에게나 있다. 이때 무엇을 탓하기 전에 정말 절박감을 가지고 준비했는지 스스로 생각해보자.

절박하게 준비했는데도 안 됐다면 여건을 탓할 수 있다. 하지만 절박하게 준비한 사람은 '정말 힘들면 힘들다고 말도 못하고 주저앉는다'는 옛 사람들의 말을 떠올리며 모든 일에 절박하게 준비했는지 반성할 필요가 있다.

가끔 인터넷 기사를 보다가 상식적으로 이해할 수 없는 일을 하는 사람들을 만난다. 40대 중반에 9급 공무원에 합격한 사람, 전 재산을 들여 무동력 보트로 전 세계를 여행한 사람, 장애를 극복하고 당당히 축구선수가 된 사람 등 사람들을 놀라게 하는 이야기의 주인공들이다.

조건을 완벽히 갖춘 사람도 이루기 힘든 일들을 이루는 사람들은 어떤 점이 다를까?

답은 생각보다 간단하다. 바로 절박감이다.

프로강사의 세계에서도 절박감의 차이가 엄청난 결과를 만든다. 아무리 힘들어도, 강연할 때 청중이 호응해주지 않고 어디서도 불러주지 않아도 자신이 정말 절박하지 않으면 그것이 위기인 줄 모른다. 그래서 되지도 않는 방법을 계속 써가며 제자리걸음을 하게 되는 것이다.

사서四書의 하나인《중용中庸》에도 이런 말이 나온다.

"무릇 일은 미리 준비함이 있으면 성공할 수 있으나 준비함이 없으면 실패한다."

"말은 미리 생각하는 바가 있으면 실수가 없다."
"일은 사전에 계획이 있으면 곤란이 없고, 행동은 미리 목표가 있으면 후회함이 없다."
"길은 미리 목적지가 서 있으면 막히는 일이 없다."

또 미국 공군대령이자 세계 최초로 대서양 무착륙 단독비행에 성공한 찰스 린드버그는 이렇게 말했다.

"어떤 사람들은 나의 대서양 횡단 비행에 대해 전혀 준비 없이 결행한 것처럼 생각한다. 그러나 나는 모든 재료에 대해 최선의 것을 택하고, 어떤 경우에도 서두르지 않도록 최상의 주의를 기울여 준비했다. 만일 내게 행운이 있었다면 이는 내가 완전한 비행기를 얻을 수 있었고, 또한 모든 일에 용의주도할 수 있었다는 것이다."

이와 같이 철저한 준비를 넘어 절박한 준비는 모든 성공의 기초가 된다. 마찬가지로 준비된 프로강사라면 갖춰야 할 사전준비 법칙이 있다. 성공의 기초인 절박한 준비를 자신이 얼마나 잘하고 있는지 생각해보자.

첫째, 효과적인 말 전달을 위해 정확한 목적을 가진다.

먼저 내가 어떠한 목적을 가지고 말해야 하는지 인지하는 것이 중요하다. 목적도 없이 단순히 강연하는 데 집중하는 것이 아니라 나만의 목적의식을 가지고 강연에 임할 때 더 효과적이다. 더 나아가 내가 청중들에게 어떠한 목적을 심어줄 수 있는가도 생각해야 한다.

둘째, 전할 말을 미리 생각하고 준비한다.

말 잘하는 사람들의 공통적인 특징은 대본을 만들어 여러 번 연습해본다는 것이다. 이런 방법은 유명 강사들뿐만 아니라 영화배우, 연기자 등 다양한 분야의 사람들이 가장 많이 쓰는 효과적 방법이다. 전할 말을 미리 생각하고 연습해보면 어떤 문맥을 강조해야 할지 알게 되므로 자연스럽게 진정성 있는 강의가 나온다.

셋째, 무대에 오르기 전 전달할 주제의 대본이나 내용을 완벽에 가깝게 준비한다.

무대에 오를 때는 경력이 10년 이상 되는 베테랑 강사들도 긴장하게 마련이다. 만약 강연 도중 어떤 말을 해야 할지 생각이 나지 않거나 말문이 막혀버린다면 어떨까? 아마 상상도

하기 싫을 만큼 끔찍할 것이다. 하지만 대본을 완벽히 숙지해 어떤 내용을 말할지 잘 안다면 오히려 강연하는 것이 재미있고 시간 가는 줄 모를 것이다. 사실 나도 원래 잡혀 있던 시간은 1시간 30분이었는데 1시간도 채 안 돼 강연을 마무리하고 말았던 아찔한 경험이 있다. 그 이후로는 이 방법을 필수 중의 필수로 생각하고 있다.

넷째, 상황별 시뮬레이션으로 대처능력을 갖춘다.

강연을 하다보면 상상하지 못한 일들이 아주 많이 일어난다. 이러한 돌발상황이 발생했을 때 당황하지 않고 침착하게 대처하면 관객들에게 지혜로운 강사로 기억될 수 있다. 나는 일어나지 않은 일을 마치 일어날 것처럼 생각해서 각 상황에 맞게 준비함으로써 만약의 경우에 대비한다.

한 유명 강사의 이야기가 좋은 예가 될 것이다. 강의 도중 아기가 울자 엄마는 당황해서 아기를 데리고 나갔다. 분위기가 어수선해진 가운데 강사가 입을 열었다.

"아기를 키우는 것도 힘든데 이렇게 강연까지 들으러 오시다니, 정말 대단하신 것 같습니다. 저분이야말로 진정한 우리 어머니의 모습이 아닐까 생각합니다."

강사의 말에 사람들의 표정이 금세 온화하게 바뀌었고, 자연스럽게 강연도 성공적으로 끝났다. 이처럼 돌발상황에 지혜롭게 대처하면 더 많은 사람들에게 인정을 받고 재치와 지혜를 겸비한 강사로 인식될 것이다. 그리고 이 모든 능력은 사전에 철저한 시뮬레이션을 통해 갖춰진다.

다섯째, 관객이 듣고 싶어 하는 이야기를 시원하게 해줄 메시지를 준비한다.

물론 이런 기술이 하루아침에 완성되는 것은 아니다. 하지만 가장 많이 공감할 수 있는 가정, 친구, 사람관계, 사랑, 취업, 진로 등의 분야를 잘 연구해 대부분의 사람들이 걱정하는 내용을 공유하고, 나아가 그들의 꿈에 힘을 실어주는 메시지를 철저히 준비하면 된다.

누구에게나 초보시절이 있었다. 그 시절 강의를 나갈 때는 다른 즐거움을 포기하고 오직 강의에만 집중했다. 절박한 마음으로 준비한 것이다. 세월이 흐르면서 차츰 노련함이 더해지지만, 노련함만 믿고 절박하게 준비하는 마음을 잃어버리면 강사의 수명은 짧아진다. 절박감이 청중을 사로잡는다는 사실을 기억하자. 거기에 세월이 선물한 노련함을 더한다면 프로강사로서 일가를 이룰 수 있다.

27

평범한 주부에서
강사님으로 변신하다

자기 일을 신명나게 하는 사람이 있다. 누가 보지 않아도, 누가 칭찬하지 않아도 즐겁게 한다. 이런 사람을 볼 때마다 하늘이 내려준 직업이라는 생각이 든다. 천직을 안다면 자신은 물론 주변 사람도 즐겁고, 사회적으로는 이직에 따른 재교육이나 알선 비용이 감소된다. 즉, 천직을 찾아 일하면 모두에게 이익인 셈이다.

지금 운영하고 있는 양성과정에 참으로 많은 주부들이 온다. 강사를 제2의 직업으로 삼아 새로 시작하는 경우다. 박인순 풍선아트 강사는 불과 4년 전만 해도 가정에서 두 아이를 키우는 평범한 주부였다. 그런데 문득 풍선아트를 취미로 배워두면 좋겠다는 생각이 들었다. 알록달록 예쁜 풍선으로 무엇이든 만들 수 있는 게 신기하기만 했다. 또한 두 아이에게 엄마의 사랑과 정성이 담긴 장난감을 만들어주는 것이 비싼 장난감을 사주는 것보다 정서적으로나 비용 면에서 훨씬 낫겠다 싶기도 했다.

그렇게 풍선아트를 시작하게 되었는데, 자기 아이들뿐만 아니라 주변 아이들에게도 큰 호응을 얻기 시작했다. 이런 호응에 힘입어 그녀는 시작한 지 1년 만에 풍선아트 취미반(3급), 전문가반(2급), 강사특별과정반(1급)의 자격증을 모두 취득했다.

박인순 강사는 자격증을 취득한 후 초등학교 방과후학교와 아파트 주민자치회 등에서 풍선아트를 가르치고 있다. 또한 자신이 배운 지식을 다른 사람들과 나누자는 생각을 실행에 옮겨 장애아동이나 어린이집 아이들을 대상으로 다양한 봉사활동을 펼치고 있다. 풍선아트를 한 덕분에 선생님으로 불리게 되었다며 즐거워하는 그녀는 인터뷰에서 이렇게 말했다.

"평범한 주부였을 때는 느끼지 못했던 삶의 가치와 자존감과 함께 보람을 느끼고 있습니다."

많은 여자들이 자신의 꿈을 펼칠 기회를 잡지 못하고 결혼이라는 일생일대의 중요한 선택을 한다. 그리고 환경에 순응해 자신의 꿈을 접은 채 가정생활을 하거나 평범한 직장인으로 살아간다. 그러한 주부들에게도 강사는 좋은 직업이다. 자기 시간을 자유롭게 활용하고 자신이 원하는 분야를 편한 시간에 배울 수 있는 데다가 자녀까지 돌볼 수 있는 콘텐츠를 만들어내기도 하는, 그야말로 '발견하지 못한 다이아몬드'인 것이다.

일상생활을 하다보면 다양한 아이디어와 감정, 생각들이 스쳐갈 때가 있다. 그럴 때는 생각에 그치지 말고 그 즉시 메모를 해두자. 그렇게 새로운 콘텐츠를 만들어내면 자연스럽게 주부들 간에 공감대가 형성되고, 삶을 더 풍요롭게 즐길 수 있다.

평범한 주부에서 천연화장품 전문강사가 된 여성도 있다. 그녀는 어린이집 교사로 재직하다가 임신 후 아이 양육에 집중하기 위해 전업주부의 길을 선택했다. 아이가 어느 정도 자라자 재취업을 하려 했지만, 그것은 생각처럼 쉽지 않았다. 그녀는 '처음부터 욕심 부리지 말고 느긋하게 장기전으로 들어가자'고 마음먹고는 2010년부터 문화센터를 다니며 천연비누와 천연화장품 만드는 법을 배우기 시작했다.

그녀는 "배우면서 피부가 좋아져서 좋았고 재미있다는 생각도 했지만 전문강사까지 될 줄은 미처 몰랐다"면서 "열심히 배우다보니 경인수공예협회 회장님을 만나 이렇게 강사의 길을 걷게 됐다"고 말했다.

처음에는 적성에도 맞고 제품이 아주 좋아서 혼자 쓰기가 아깝다는 생각에 주변에 권하는 정도였다고 한다. 그러다 협회장의 권유로 전문강사 과정을 이수하게 되었고, 지금은 경인지역에서 인기강사로 활동 중이다. 현재 송도엑스포아파트 커뮤니티센터 등에서 주부들을 대상으로 강의하고 있는데, 강의 중에 소질 있는 수강생들을 만나면 전문가 과정을 적극 권장한다고 한다.

전문강사가 되려면 교육기관에서 60시간 과정을 이수하고 자격시험(필기·실기)에 통과해 자격증을 따야 한다. 그런데 자격증을 딴다고 해서 바로 강사가 되는 것은 아니고, 대부분 3개월 정도는 선배강사의 강의를 따라다니며 스태프 강사로 일해 경험을 쌓는다고 한다.

그녀는 강사를 꿈꾸는 사람들에게 "일을 시작할 때는 스스로 동기부여가 필요하다"고 조언한다. 그녀 자신도 가정주부로 있다가 처음 강의를 시작할 때는 두렵기도 하고 고민도 많았다고 한다. 하지만 환경오염 등 여러 가지 원인에 따른 피부 트러블로 고생하는 사람들에게 작은 도움이라도 되자는 일종의 사명감으로 용기를 내게 됐다는 것이다.

　물론 강의를 하는 것이 쉬운 일만은 아니다. 하지만 수강생들이 천연재료를 사용해 비누와 화장품 만드는 것을 신기해하고 뿌듯해할 때, 또 피부가 정말 좋아졌다면서 값비싼 화장품보다 자기가 만든 제품이 더 좋다고 이야기할 때는 자부심을 느낀다고 말한다.

　주부들을 비롯해 자신만의 목적과 사명감을 가지고 강사의 세계로 뛰어든 사람은 누구보다 열심히 일한다. 또한 개인의 이익이 아니라 공공의 이익을 위해 자신의 재능을 기부하게 되고, 그로 인해 그 사람이 새로운 재능을 만들어낸다는 것을 생각하면 강사로서 느끼는 뿌듯함은 말로 표현이 안 될 정도로 크다.

　주부들에게 강사라는 직업은 다른 직업보다 더 가치가 있다. 그리고 살면서 가장 중요한 일, 자신이 하고 싶은 일을 찾아 스스로 주체가 돼 움직인다는 것이 가장 큰 장점이라고 생각한다.

　'내가 과연 할 수 있을까?' 하는 생각은 일단 접어두자. 먼저 움직이고 자신이 무엇을 원하는지 발견하는 것이 중요하다. 그렇게 되면 그 길이 알아서 만들어질 것이고, 여기에 노력이 더해지면 굉장한 시너지 효과를 낼 것이다. 주부에서 강사로 입문한 사람들은 입을 모아 말한다. "삶의 가치가 달라졌고 더욱 열심히 살고 싶다"고.

새로운 도전을 통해 주부에서 멋진 커리어우먼으로 변신하고, 그동안 꺼내지 못했던 야망을 불태워 제2의 인생을 새롭게 펼쳐가기를 바란다.

28

청중이 주는 '그 무엇'을 받아라

　청중이 주는 '그 무엇'은 중요하다. 청중이 주는 그 무엇 때문에 강연을 잘 이어가서 더 재밌게 만들 수도 있고, 반면 그것 때문에 더 힘들어져 1시간이 마치 10시간인 듯한 느낌을 받고 강사생활을 계속하기 어려울 수도 있다.

　청중이 주는 것은 바로 긍정과 열정의 기운이다. 강사가 강연을 할 때는 청중과 소통하면서 하는 것이 가장 중요하다. 만약 당신이 아무리 열정적으로 강연을 해도 청중들이 당신에게 웃음과 액션을 보여주지 않는다면 어떨까? 아마 상상하기도 싫을 만큼 끔찍할 것이다.

　예능 프로그램에서도 리액션은 대단히 큰 효과를 낸다. 예능 프로그램을 보면 웃음소리가 들릴 것이다. 그 웃음소리는 연기자들이 웃긴 상황을 연출할 때 사전에 그것을 보고 녹음한 소리로 재미요소를 배가시킨다. 마찬가지로 강사가 강연을 할 때도 청중의 반응이 크게 작용하며 더욱 맛깔스럽게 강연을 할 수 있게 도와준다.

강연을 하다보면 강사는 청중들에게 가슴에 와 닿는 메시지나 심금을 울리는 메시지, 힘을 주는 메시지를 전달하게 된다. 그런데 청중들만 그 메시지를 받는 것이 아니라 강사도 청중에게 그 메시지를 받는다.

각양각색의 사람들이 강연을 들으러 오기 때문에 같은 강연을 듣고도 각자 해석하는 것이 다르다. 예를 들어 강사가 "인생이 정말 아름답지 않나요?" 하고 말했을 때 누군가는 눈물을 흘릴 것이고, 누군가는 부정적으로 받아들일 것이다. 또 누군가는 다시 한 번 인생을 가치 있게 살아보고 싶다고 느낄 것이다. 이렇게 다양한 감정을 느끼는 사람들의 표정을 보고 있으면 강사는 자연스럽게 청중들에게 그 무엇을 배우게 된다. 이것은 말로는 실감할 수 없는 굉장한 경험이다.

한 강사가 강의를 하고 있었다. 청중들은 강사의 이야기에 공감하며 아주 잘 들어주었다. 원래 예정된 시간은 약 2시간 정도였지만, 강사는 청중들의 반응에 감동해 무료로 40분을 더 연장해 강연을 이어갔다. 그 강사는 청중들의 기억 속에 잊지 못할 강연자로 남았다.

이렇듯 청중이 주는 힘은 대단하다. 강사와 청중은 대화를 나누지는 않지만 보이지 않는 공감으로 인해 서로 긍정의 효과를 볼 수 있다.

그와는 반대의 경우도 있다. 강연장에서 강사가 자신의 삶을 이야기하고 있었는데, 그 이야기에 취해 강사 자신이 눈물을 흘리고 만 것이다. 그런데 사실 눈물을 흘릴 만한 상황이 아니었기 때문에 대부분의 청중은 그야말로 '멘붕' 상태가 되었다. 조금씩 수군거리는 소리가 들려오더니 이내 강연장은 산만해지고 말았다. 강사가 정신을 차렸을 때는 상황이 너무 악화돼 있었다. 그 강사는 청중들에게 긍정적인 메시지를 전달하기는커녕 좋지 않은 이미지로 남게 되었다.

이처럼 아무도 공감하지 않는데 혼자 감성에 빠져버리면 결과는 불을 보듯 뻔하다. 강사는 관객이 있어야만 살아갈 수 있는 직업이라는 걸 잊어서는 안 된다. 내가 아무리 위대하고 잘 나가는 사람이라도 내 이야기를 들어줄 청중이 없다면 무슨 소용이겠는가. 강연을 하다보면 자연스럽게 한 사람, 한 사람의 중요성을 알게 되고 공감할 수 있는 능력도 기르게 된다.

대학 및 강연계의 토크 1인자로 불릴 만큼 이야기를 '잘' 하고 '잘' 들어주는 사람이 있다. 바로 개그맨 김제동 씨다. 그는 사실 유명인으로서 말하기도 어렵고 위험한 정치, 경제, 시사, 교양 등 다양한 장르로 강연을 한다. 그는 말을 잘하고 관객들에게 웃음을 주지만, 그보다 더 중요한 것은 그의 행동에서 드러나는 진실함이다.

관객이 김제동 씨에게 질문을 할 때, 그는 자연스럽게 몸을 숙여 한쪽 무릎을 꿇고 이야기를 들어준다. 이야기가 다 끝날 때까지 이러한 자세로 관객들의 이야기를 더 끄집어내고 공감하며, 어떤 방식으로 해결할지 도움을 주기도 한다. 또한 때로는 직접 관객 옆으로 가서 더 친근감 있게 대하기도 한다. 그럴 일은 없겠지만, 관객들이 마음을 주기 싫어도 어느새 김제동 씨에게 이끌려 마음을 털어놓게 된다.

그래서 김제동 씨의 강연은 열릴 때마다 항상 매진을 기록할 만큼 인기가 좋다. 단순히 인기 연예인이어서가 아니라 진정성 있게 다가가 관객과 마주보며 공감하고 이야기를 하기 때문이다. 물론 김제동 씨 또한 관객들에게 긍정적인 영향을 받게 된다.

사실 청중에게 '그 무엇'을 받기란 결코 쉬운 일이 아니다. 강연을 하기 전 자신이 먼저 관객들에게 다가가는 연습을 하고 마음가짐도 새로이 해야 한다. 또한 그 무엇을 얻기 위해

서는 분위기를 잘 살리고 만들어내는 역할도 해야 하며, 재미있는 퀴즈나 유머 있는 이야기들로 먼저 시작해 분위기를 최대한 살려야 한다. 아울러 가끔은 심도 있고 무거운 주제로 분위기를 단번에 반전시킬 수 있는 스토리를 잘 만들어 청중의 마음을 쥐락펴락할 수 있는 강사가 돼야 한다.

'입이저심入耳著心'이란 말이 있다. '귀로 들어온 것을 마음속에 붙인다'는 뜻이다. 청중이 들은 것을 마음속에 간직해 잊지 않듯 강사 또한 이런 마음가짐으로 강연을 해 청중이 주는 그 무엇을 받아야 한다.

29

누구나 꿈꾸지만
아무나 될 수 없어 더 매력적이다

강의가 끝나면 많은 사람들이 내 명함을 가져간다. 강의 문의를 위해서가 아니라 나처럼 강사를 꿈꾸고 있으니 언젠가 연락하겠다는 것이다. 처음 강사생활을 시작했을 때는 명함을 가져가면 내심 언제 연락이 올까 기다렸다. 10년이란 시간이 흐르는 동안 얻은 결과는 연락 오는 사람이 정말 적다는 것이다. 100명이 명함을 가져갈 경우 그중 1명에게서 연락이 오면 많이 온 것이다.

연락 오는 사람의 비율이 낮은 것처럼 프로강사를 꿈꾸지만 실천에 옮기는 사람도 매우 적다. 그리고 실천에 옮겨도 그것을 꾸준히 하는 사람은 더 적다. 그래서 프로강사는 누구나 될 수 있지만 결코 아무나 될 수는 없다는 사실을 실감한다.

프로강사이자 컨설턴트로 조금 특이한 이력을 지닌 사람이 있다. 《1인 기업이 갑이다》 시리즈를 펴낸 윤석일 소장이다. 윤석일 소장은 프로강사 겸 1인 기업 컨설턴트로 활약 중이다. 지금 그가 하는 일을 보면 경영학과 인문계열을 전공한 것으로 생각하기 쉽지만 그의 전공은 기계공학과다. 그것도 야간대학에서 기계공학과를 전공했다.

그는 아버지의 실직으로 인해 20세에 가스충전소 안전관리자로 일하기 시작했다. 또래 친구들이 놀러 가려고 빌린 차에 가스를 충전하며 그는 자기 삶을 되돌아본다. 그리고 앞으로의 인생도 지금과 별반 달라지지 않을 것이라는 생각에 자기계발서를 읽으며 기술계통을 공부하기 시작한다.

군대에서도 공부의 끈을 놓지 않았던 그는 4개의 국가기술자격증을 취득한다. 이를 기특하게 여긴 부대장이 자격증시험에 합격하는 방법을 강의할 수 있게 기회를 주었고, 이때 첫 강의 무대를 경험한다. 그는 첫 강의에서 얻은 희열을 기억에 담아두었다가 프로강사로 전환할 때 원동력으로 사용한다.

전역 후 용접기술과 배관기술을 가르치는 전문대학에 입학한다. 그리고 본격적으로 현장 기능인으로 생활하는 한편 직장 근처의 야간대학에서 기계공학을 전공한다. 그렇게 그의 삶은 기술, 기능으로 정착하는 듯했지만, 자신이 정말 좋아하고 잘하는 일이 무엇일까 고민하던 끝에 프로강사가 되기로 한다. 군대에서 경험했던 강의의 희열을 되새기며 강의를 직업으로 삼으면 좋겠다는 결론을 내린 것이다. 그 뒤 직장에 다니면서 주말과 야간에 강사양성과정을 수료하고, 이때부터 투잡으로 강의를 하게 된다.

낮에는 용접을 하고 밤에는 강의 나가는 생활을 하며 시련도 많이 겪는다. 체력적으로 힘든 것은 물론, 용접을 하고 나면 홍조가 되는데 그 얼굴로 강의를 나갔다가 사람들에게 술 먹고 강의하느냐는 핀잔도 들었다. 힘든 생활이었지만 그는 그래도 강의의 끈을 놓지 않았다.

시간이 흘러 정식으로 프로강사가 되기로 마음먹는다. 그는 무명 강사로서 좀 더 경쟁력을 갖춰야겠다는 생각에 책 집필에 들어간다. 낮에는 용접과 기계수리를 하고, 밤에는 산업용 보일러가 작동하는 사무실에서 원고를 쓴다. 그렇게 해서 나온 결과물이 바로《1인 기업이 갑이다》다. 이때 그의 나이 29세였다. 그는 책 출간 후 프로강사 겸 컨설턴트로 활약하며《1인 기업이 갑이다-실전편》등을 펴냈다.

윤석일 소장이 프로강사를 꿈꾸면서도 이를 위해 치러야 할 대가를 겁냈다면 그의 꿈은 한낱 꿈으로 끝났을 것이다.

하지만 대가를 치르고 꾸준히 프로강사의 길을 걸었기 때문에 지금의 위치에 설 수 있었을 것이다.

프로강사는 매력적인 직업이다. 무자본, 무점포에 무직원이라 개인이 열심히 한다면 누구나 부러워하는 연봉도 받을 수 있고 또 시간도 자유롭다. 하지만 시작할 때 대가를 치르고 꾸준히 밀고 나가며 장애물을 뛰어넘어야만 프로강사로 살아남을 수 있다.

로버트 기요사키와 도널드 트럼프가 함께 쓴 《마이더스 터치》에는 "성공은 희생을 먹고 자란다"는 말이 나온다. 우리가 어떤 유형의 성공을 꿈꾸든 희생은 치르게 돼 있다. 희생을 치르지 않고 성공하기는 불가능하다.

무대에서 마이크를 잡고 이야기하는 모습은 매혹적이다. 그래서 프로강사를 꿈꾸는 사람들이 많다. 무대에 서서 하는 강의는 프로강사에게 중요한 일이고 수입원이지만, 그것이 전부는 아니라고 말하고 싶다. 무대에 오르기 위해 사전준비는 물론 오랜 연습과 망신을 당해야 당당히 무대에 오르고 강의료를 받을 수 있다.

프로강사를 꿈꾸는 사람이라면 누구나 마음속에 자신이 닮고 싶은 프로강사가 있을 것이다. 정말 멋진 모습이라 생각된다. 나 역시 강사를 시작했을 때 롤 모델이 강단에 서 있는 것을 보면 가슴이 막 뛰었고, 나도 그처럼 무대를 장악하고 싶었다.

막상 프로강사가 되고보니 무대에 오르는 것은 프로강사의 한 모습일 뿐이며, 오히려 무대 뒤의 모습이 얼마나 치열한지 알게 되었다. 그래서 무대를 하나의 '상像'이라고 말한다. 상을 걷어내면 현실이 보이는 법이다. 현실은 힘들고 치열하지만, 두렵다고 내려놓는다면 무대에 오를 기회조차 없다.

프로강사는 누구나 꿈꿀 수 있고 누구에게나 열려 있어 경쟁자도 많다. 잠깐 반짝이다 사라지는 강사도 많다. 어느 분야든 마찬가지겠지만 프로강사 역시 오랫동안 살아남기가 힘들다. 하지만 분명한 것은 누군가는 10년, 20년 살아남았다는 것이다. 롱런하는 강사들은 희생을 두려워하지 않는다. 희생과 노력, 배움이 있기에 롱런하는 것이다.

청중에게 지식을 전달하는 것은 물론 삶을 변화시키는 프로강사가 되고 싶다면 대가를 먼저 생각하라고 조언하고 싶다. 대가를 치르겠다면 프로강사에 도전해라. 그리고 누구나 꿈꾸지만 아무나 될 수는 없는 프로강사의 매력을 느끼며 살아가면 된다.

30

꿈이 있는 사람은
열정적인 삶을 포기하지 않는다

전문대학 세무회계학과를 졸업하고 군대에 지원하기 위해 병무청으로 갔다. 내가 여군이 되고 싶었던 이유는 애국심이나 자신의 한계를 뛰어넘겠다는 고고한 이유가 아니었다. 고등학교 시절 우연히 버스정류장 앞에서 이름 모를 여군을 보고 여군을 동경하게 되었다. 그 뒤 여군 제복만 보면 꼭 입어봐야겠다고 꿈꾸기 시작했다. 그렇게 1차, 2차, 3차 시험에 합격하고 마지막 시험에서 노래부르기, 춤추기, 삼행시 짓기 등 생각지 못한 질문에 능숙하게 답하고 비로소 합격의 영광을 얻었다.

시골에 계신 부모님은 보수적이어서 여군을 보는 시선이 곱지 않았다. 반대가 심했기 때문에 1994년 혼자 입대했다. 다른 동기들은 부모님과 함께 왔지만 나는 혼자여도 당당했다. 하지만 1일 차부터 '다, 나, 까' 말투와 바늘로 찔러도 피 한 방울 안 날 것 같은 훈육관들의 모습을 보고 '이곳이 정말 꼭 입어보고 싶던 여군 제복을 주는 곳인가' 생각할 겨를도 없이 훈련에 들어갔다.

6개월은 정말 빨랐다. 마침내 여군 제복을 입고 대전육군본부에 입소하게 되었다. 선배 누구 하나 여군들의 세상을 알려주지 않는 가운데 비밀의 공간으로 들어간 것이다.

첫날부터 관등성명과 규칙 등 외워야 할 것 천지였다. 거기에 잘 외웠는지 테스트하는 무서운 선배들까지 정말 육군본부라는 거대한 공간은 많은 생각을 하게 했다. 힘든 것도 많았지만 한편으로는 자부심도 강하게 느꼈다. 그리고 달콤한 외박은 여군 제복을 반짝이며 여고생들 사이를 지나갈 때 더욱 빛났다.

실무가 어느 정도 자리를 잡아가면서 공부의 한이 밀려 올라왔다. 전문대학 등록금도 힘들게 마련해 졸업했던 나는 공부의 한을 풀고 싶어 대전대학교 경영학과에 편입했다. 경영학과를 졸업한 뒤, 대학원 공부와 평생교육사 자격증 공부를 준비하고 있다. 이런 습관이 프로강사에게 필수인 배움의 습관을 다지게 했다.

어느 날 안보웅변대회가 열렸다. 왠지 무대가 나를 부르는 것 같았고 자신도 있었다. 자신이 자만이 돼 대본도 없이 올라가 웅변을 했다. 잘했다고 칭찬을 받았지만 철저히 준비하지 못한 스스로를 책망했다. 준비의 필요성을 새삼 실감했던 그때의 기억을 떠올려 지금도 나는 변수가 많은 무대를 늘 철저히 준비하려고 한다.

눈물, 웃음, 자부심, 배움 등 많은 기억을 남기고 군대를 떠났다. 전역과 동시에 결혼을 하고 아이도 가졌다. 여군 출신은 사회에서 꽤나 잘 통했다. 출산 후 나는 수많은 강의를 듣게 해준 KT 114 안내직원으로 시작해 강사로의 전환에 큰 힘이 된 아모레퍼시픽 전문강사로도 합격했다.

20대를 그렇게 보내고 30대가 되는 첫해에 남편에게 서비스 강사가 되고 싶다고 당당하게 선포했다. 그런데 선포는 했지만 문제가 있었다. 아이가 어린 데다 타지에서 하는 강의를 듣기에는 여건이 받쳐주지 않았다.

하지만 꿈이 있는 사람은 열정적 삶을 포기하지 않는다고 했던가. 나는 서비스 강사가 되고 싶다는 말을 입에 달고 살았다. 주변 사람들은 합리적인 이유로 서비스 강사가 되는 걸

반대했다.

"서비스 강사는 승무원 출신이나 예쁜 여자들이 하는 거지. 너는 일단 뚱뚱하고 애도 있는 아줌마인데 누가 네 강의를 듣겠냐?"

그러면 나는 이렇게 반박했다.

"왜 꼭 예쁘고 날씬한 애들만 서비스 강사를 해야 하는 거야? 나 같은 사람도 할 수 있다는 걸 보여줘야 많은 사람들에게 희망을 주지 않겠어?"

논리는 빈약했지만 내 나름의 반박이었다.

며칠 후 남편에게서 문자가 왔다.

"입금했어. 잘 배워봐. 파이팅!"

그렇게 해서 서비스 강사 교육을 시작할 수 있었다. 남편은 시간과 비용 면에서 많은 협조를 해주었고, 그런 남편에게 보답하는 방법은 프로강사로서 성공하는 것뿐이었다.

3개월 강사양성과정을 마치고 세상에 나를 알리기 위해 재능기부 강의부터 열심히 뛰어다녔다. 한눈팔지 않고 프로강사의 길을 걷다보니 도와줄 파트너가 필요했고, 양성과정을 만들어달라는 요청을 받고 지금 프로강사를 양성하고 있다.

가끔 과거를 돌아본다. 꿈이 있었고, 그것을 놓치지 않으려고 매달렸다. 평탄한 길은 아니었다. 하지만 지금 내 모습을 보면 꿈이 있는 사람이 왜 열정적인지 조금은 알 것 같다. 꿈이 있는 사람은 열정적 삶을 포기하지 않는다. 이유는 간단하다. 꿈을 이루기 위해서는 열정이 꼭 필요하기 때문이다. 나는 그것을 프로강사로 풀어냈다. 그리고 청중과 열정을 주고받는 이 일을 좋아한다. 강사라는 직업을 누가 만들었는지 모르지만, 이 직업을 만들어준 사람에게 고마울 따름이다.

모든 직업이 그렇겠지만 프로강사도 어려움이 참 많다. 아이가 너무 어리거나, 수익이 없거나, 막강한 경쟁자가 나타나거나……. 정말 어려운 게 한두 가지가 아니다. 어려움이 닥쳤을 때 선택은 두 가지뿐이다. 포기하거나 끝까지 하거나.

최근 프로강사를 시작하려는 사람들이 정말 많다. 나 역시 처음 시작할 때는 수강생들이 정말 많았다. 1년이 지났을 때, 아이는 어리고 수익도 별 볼일 없었다. 젊고 예쁜 강사들이 매일같이 아카데미를 수료하는 것을 보며 힘들어 하고 있을 때, 어느 선배가 '프로강사 시간론'을 말해주었다.

"그 많은 아카데미 수료자 중 1년이 지나면 많아야 100명이 강사로 활동하고, 10년이 지난 뒤 1명이 남아 있으면 기적이라고 하더라. 너는 1년을 버텼으니 100명 안에 들었네."

그 말에 위로를 받았다. 그리고 버티면 된다는 생각으로 하루하루 지내다보니 어느새 10년이 넘었다. 지금은 양성과정도 하고, 파트너 강사도 있으며, 시간이 허락하면 재능기부 강의도 나간다. 또 남들이 뭐라 하든 계속해서 배우고 자격증을 취득한다. 10년이 지났으니 기적이라 생각할 수도 있지만, 나는 여전히 프로강사로 성공하기 위해 현재진행 중이다.

프로강사를 꿈꾼다면 단기간을 생각하지 말아야 한다. 프로강사는 정말 서서히 커가는 직업이다. 많은 베테랑 강사들에게 깨져야 하고, 청중의 냉소도 받아야 하며, 새벽잠을 잘 겨를도 없이 단장하고 강의장으로 가야 한다. 짧게 본다면 절대 자리 잡을 수 없는 직업이다. 긴 안목으로 프로강사를 꿈꿔라.

긴 안목을 갖기 위해선 꿈이 있어야 한다. 하지만 꿈만으로는 안 된다. 수많은 어려움과 유혹을 이겨낼 수 있는 열정도 필요하다. 꿈이 있는 사람은 열정적 삶을 포기하지 않는다. 나는 프로강사를 꿈꿨으며, 그것을 위해 열정적으로 살고 있는지 매일 점검한다. 부족했다면 반성하고, 잘했다면 더 열심히 갈고 닦는다.

시계를 보니 밤 12시가 넘었다. 새벽 4시에 일어나 9시에 시작하는 강의를 준비해야 한다. 강의 기회를 준 누군가에게 고마워하며, 나는 또 청중을 위해 화장하고 옷을 고를 것이다.

프로강사 솔루션

Q. 교육기관과 자격증 종류가 너무 많습니다. 어느 것을 선택해야 하나요?

A. 과거에 비해 확실히 교육기관도 늘고 자격증의 수도 많아져서 오히려 선택이 더 어려워졌습니다. 혼란스럽지만 선택을 해야 하니 저는 먼저 후기를 찾아보라고 조언합니다. 후기에는 광고도 섞여 있으니 지나친 칭찬 글은 경계해야 합니다. 반대로 근거 없는 악담 글도 무시해야 합니다. 정직하게 올린 후기를 보고 판단하면 됩니다. 그래도 어렵다면 교육기관을 이수했거나 자격증을 취득한 사람에게 정중히 물어보는 것이 좋습니다.

Q. 예상치 못한 주제로 강의가 들어오면 어떻게 해야 하나요?

A. 가장 먼저 그 분야의 강사를 찾습니다. 그 강사분에게 직접 알려달라고 하면 좋겠지만, 자칫 오해를 받을 수도 있으니 그분의 책을 읽거나 인터넷 강의를 들으며 공부합니다. 그렇게 공부한 내용을 내 것으로 체득화합니다.

5장

나에게 맞는 강의가
명품강사를
만든다

31

뜨거운 청춘에게 불쏘시개가 된다
비전·취업·진로코칭 강사

청춘을 판단하는 기준이 꿈의 차이라고 하지만, 21세기를 살아가는 청춘들은 참으로 힘들다. 오죽 힘들면 '3포 세대'를 넘어 '5포 세대'라고 할까. 청춘들이 올바른 길을 갈 수 있게 해주는 것이 어른들의 몫이지만, 호황을 누리던 세대들의 충고는 지금 청춘들에게 잘 먹히지 않는다.

경제적으로나 신분적으로나 사다리는 줄어들고 장기불황으로 취업이 어려워지면서 진정한 멘토나 조언자가 더욱 필요한 시대다. 이런 수요에 따라 비전·취업·진로코칭 강사가 등장했다. 특히 비전 강사의 등장으로 우리나라도 미국처럼 강사 시장이 정보전달을 넘어 동기부여를 하는 방향으로 크게 전환되었다.

비전·취업·진로코칭 강사가 주로 상대하는 청중은 중고생에서 대학생이므로 특성을 감안해 접근해야 한다. 자칫 나이로 강의 내용을 강요하거나 공감되지 않는 경험담을 늘어놓는다면 거부감이 생긴다.

핵심강의 콘텐츠

- 20~30대에 도전했고 성공했던 특별한 경험들
- 국내를 넘어 해외에서 배운 글로벌 마인드
- 창업이나 사업을 일군 스토리
- 직업상담사 및 취업선배의 경험담

수입모델

- 동기부여 강의가 주를 이룰 경우 직접 사람을 모아 강의
- 마이스터고 또는 대학교 취업센터와 협력
- 단순 취업코칭을 넘어 입사 이후 매너 등으로 진화

참고도서

《날개가 없다, 그래서 뛰는 거다》(김도윤·제갈현열, 쌤앤파커스)
《청춘, 판에 박힌 틀을 깨다》(류광현, 서울문화사)
《회사는 미래의 당신을 뽑는다》(이은영, 위너스북)

32

재미를 공유한다
소통·웃음 강사

스트레스로 인해 사회비용이 많이 발생한다. 또한 소통부재로 가족 간에 불화가 많이 생긴다. 이러한 문제를 해결해주는 강사가 소통전문 강사와 웃음치료 등 웃음 관련 강사다. 소통과 웃음 모두 추상적인 내용을 담고 강의를 진행하므로 강사의 공감능력을 중요시한다. 또한 순식간에 분위기를 장악하기 위해 망가지는 모습도 보여야 하지만, 핵심내용을 설명할 때는 진지하게 전문성을 보여야 한다. 일부 소통·웃음 강사는 강의만 재미있을 뿐 남는 게 없는 경우가 많다. 자신의 전문성을 보강하기 위해 더 깊이 공부해야 한다.

핵심강의 콘텐츠

- 가족, 부부, 조직의 소통을 원활히 하는 방법
- 웃음의 중요성과 펀fun 리더십의 장점
- 자신과 소통하고 치유하는 강의

수입모델

- 상담센터와 연계한 강의
- 레크리에이션 등 활동적인 강의와 연계
- 스타강사로서 지역강의

참고도서

《소통형 인간》 (김창옥, 아리샘)

《부부, 행복한 동행》 (김병태, 브니엘)

《웃음 치료》 (한광일, 삼호미디어)

《유머에너지》 (김진배, 무한)

33

이미지를 컨설팅한다
이미지·비즈니스 매너 전문강사

외모도 경쟁력이 되는 사회에서 자신에게 맞는 메이크업과 코디를 진단해 최상의 이미지를 만들어준다. 단순히 이미지를 바꿔주는 것이 아니라 자신감까지 심어줘 사회생활을 원활히 할 수 있게 한다.

격식이 파괴되고 있지만 매너는 여전히 비즈니스 세계에서 기본 중의 기본이다. 기본 매너를 제대로 배우지 않으면 비즈니스 세계에서 살아남기 힘들다. 또한 매너는 사람관계를 형성하는 데도 중요한 형식이다. 매너를 제대로 배우고 생활하면 세련되고 인정받는 사람관계를 이어갈 수 있다.

핵심강의 콘텐츠

- 스타일 개인 코칭 및 스타일 관련 강의
- 신입사원 및 직장인 대상 매너교육

수입모델

- 기업 강의 프로그램
- 패션, 메이크업 등 관련기업 연계
- CEO, 연예인, 정치인 등 스타일 관리

참고도서

《스타일, 인문학을 입다》 (이문연, 북포스)
《비즈니스 매너와 글로벌 에티켓》 (오정죽·권인아, 한올출판사)
《스펙을 이기는 이미지》 (지수현, 양문)

34

고객의 진심까지 코칭한다
고객만족CS 강사

고객에게 만족을 주지 못하면 살아남지 못하는 것이 당연하다. 세상이 변해도 기업은 고객의 반응에 민감할 수밖에 없다. 하지만 고객은 떠나면 끝이기 때문에 기업에서는 고객이 떠나기 전 고객의 입장에서 개선할 점을 찾고 싶어 한다. 고객만족CS 강사는 개선할 점을 데이터화하고 CEO가 놓치고 있는 부분까지 짚어주는 일을 한다.

고객만족 강사는 고객의 눈으로 개선점을 찾아 그것을 직원들과 공유한다. 컨설팅과 강의 두 가지를 병행하는데, 컨설팅 과정에서 처음에는 직원들과 마찰을 빚는다. 이는 고객만족 강사들의 숙명이라 할 수 있다. CEO를 설득하고 직원들을 개선시켜 매출이 상승되는 것을 직접 확인하는 즐거움을 누릴 수 있다.

핵심강의 콘텐츠

- 고객만족과 매출 관계의 구체적인 사례
- 클레임 고객, 블랙컨슈머 등의 처리방법
- 고객을 직접 상대하는 직원들의 서비스 마인드 만들기

수입모델

- 일반기업이나 서비스기업의 개선점 직접 컨설팅
- 서비스기업 직원 단체 강의

참고도서

《고객만족경영 실전바이블》(이상민, 랜덤하우스)
《스마트한 고객 서비스》(박현정, 팜파스)
《고객만족마케팅 전략》(계도원, 좋은책만들기)

35

화성남자, 금성여자의 성(性)을 알려준다
성관련 4대통합 전문강사

조직에 있으면 4대 의무강의(성희롱·성폭력·성매매·가정폭력)를 들어야 하며, 정부에서 강의를 관리하고 있다. 성관련 4대 의무강의는 건전한 성문화를 정착시키고 성희롱 등 성관련 사고를 미연에 방지한다. 또한 청소년의 성, 노인의 성, 부부의 성 등 다양한 성관련 강의를 할 수 있다.

현재 가장 섭외요청이 많은 강의 분야다. 양성평등이 강화될수록 성관련 4대통합 전문강사는 더욱 많이 필요할 것으로 보인다. 보수적인 조직이나 편견을 가진 사람에게 성관련 강의를 하면 단순히 시간때우기로 생각하기도 하지만, 범죄를 예방하고 조직을 평등하게 운영하는 원동력이 된다는 자부심을 심어줘야 한다.

핵심강의 콘텐츠

- 환급과정 적용 성관련 4대 의무강의
- 청소년의 성, 노인의 성, 건강한 성생활 연계

수입모델

- 기업 의무강의 연계
- 전문양성과정 운영

참고도서

《부장님, 그건 성희롱입니다》 (무타 카즈에·박선영외 공역, 나름북스)
관련 전문서

36

조직에 활력을 불어넣는다
조직활성화 전문강사

　기업에서는 많은 능력을 요구하는데, 그중 하나가 화합이다. 화합하려면 소통이 중요하다. 기업과 가족의 소통방법은 서로 다르다. 기업문화를 이해하고 기업에 맞는 소통을 강의한다. 그리고 조직에 필요한 HRD 기법들을 강의한다.

　조직활성화 전문강사에게는 직장 경력이나 높은 학력을 요구하는 경우가 있는 만큼 강의 수준도 높다. 또한 근무 대신 강의로 대체하기 때문에 8시간 이상 종일 강의도 해야 한다. 모든 강사는 자기관리를 잘해야 하지만, 조직활성화 전문강사의 경우 더욱 철저한 자기관리가 필요하다.

핵심강의 콘텐츠

- 기업이 요구하는 모든 강의
- 조직소통 및 화합

수입모델

- 영업을 통한 기업체 집체교육

참고도서

《HRD 플래닝》 (이희구, 국일증권경제연구소)
《HRD 전략과 실천 노하우》 (최용범, 이비락)
《1% 위대한 기업은 어떻게 일하는가》 (심재우, 베가북스)

37

영원한 콘텐츠 '돈'을 강의한다
재테크 강사

"돈은 귀신도 부린다"는 속담이 있다. 귀신도 움직이게 하는 돈을 싫어하는 사람이 있을까? 돈은 강사 세계의 영원한 콘텐츠이자 인기 콘텐츠다. 주식, 부동산, 펀드, 예술품, 은퇴재무 등 재테크 분야는 무궁무진하다.

재테크 강사라고 해서 남들이 부러워할 만큼 돈을 많이 벌었다거나 대박을 터뜨리지 않아도 된다. 재테크 분야를 깊이 공부하고 청중에게 공감을 주는 강의를 하면 된다. 자칫 잘못된 강의로 청중에게 피해를 주거나, 기획부동산 등 부정적 이미지를 줄 수도 있으니 신뢰를 최우선으로 강의해야 한다.

핵심강의 콘텐츠

▸ 개인 재무설계
▸ 재테크 이론과 방법

수입모델

▸ 청중을 모아 직접 강의
▸ 공동투자 목적 사람 모집

참고도서

재테크 관련 저서